市民自治の可能性

NPOと行政——我孫子市の試み

我孫子市長 福嶋浩彦 = 著

ぎょうせい

市民自治の可能性 ～NPOと行政 我孫子市の試み～

はじめに

私は、ずっと一貫して「市民自治」を目指してきた。それは部分的な直接民主主義の導入にとどまらず、トータルな「市民自治による公共」づくりと言ってよい。そのイメージは【図】のようになる。

公共とは本来、「官」だけが担うものではなく、民(市民)と官(行政)が両方で担うものだ。官が公共を独占したり支配する時代はとっくに終わっている。特にこれからは、官の担う部分は出来るかぎり小さくしていく必要に迫られている。しかし一方で、民の担う公共を出来るかぎり大きくし、内容も豊かなものにすることによって、公共全体は大きくしていくことが可能だと考

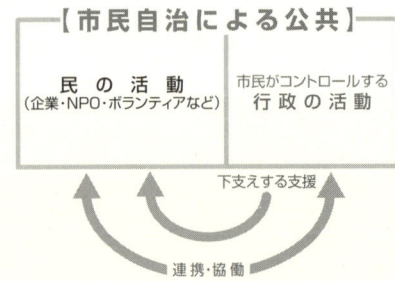

える。小さな地方政府と大きな公共を実現したい。

また、市民が行政をコントロールするには、日常的な市民の参画やいざという時の市民投票制度はもちろん重要だが、基本は選挙だ。この本では触れることは出来なかったが、ローカルマニフェストの意義もここにあると思う。市民がマニフェスト型選挙を通して、地域の理念や政策目標を選択していく。このことは、市民自治の実現に不可欠だ。

私は学者ではないので、この本は理論書ではない。しかし、単なる我孫子市政の報告でもなく、我孫子市での実践を検証しながら、市民自治の普遍的な方向性を見出だしていくことをねらいとした。この試みが少しでも成功していればうれしく思う。

原稿が大幅に遅れ、出版も1年以上延びたにもかかわらず、㈱ぎょうせいの皆さんには粘り強くサポートしていただいた。心から感謝申し上げ、お礼の言葉としたい。

福嶋　浩彦

市民自治の可能性 〜NPOと行政 我孫子市の試み〜 ● 目次

はじめに

第1章 手賀沼と団塊の世代 ―我孫子の市民活動―

1 手賀沼が育てた市民活動 ……… 3
2 ワースト1からの再生 ……… 5
3 「パートタイム」市民から「全日制」市民へ ……… 12
4 コミュニティビジネスで地域を創る ……… 19

対談 × 堂本 暁子（千葉県知事）
『分権時代の今、地方は何をすべきか』 ……… 24

対談 × 森谷 良三（ディヘルプ代表）
『我孫子市民とこれからのNPOの行方』 ……… 37

第2章 我孫子発「市民との協働」

1 なぜ市民との協働か ……… 61
2 NPOと行政の協働「3つの類型」 ……… 63
3 NPOとの協働を実りあるものにするための7つの原則 ……… 68
4 「オオバンあびこ市民債」の挑戦 ……… 72

パネル討論『協働を進めていく上での課題』 ……… 76

第3章 市民が行政を変える

1 市民の徹底した参画と介入 ……… 103
2 計画づくりへの参加・新たな試み ……… 120
3 実行への参加・手づくり公園事業 ……… 130
4 異質で多様な人材の確保 ……… 133
5 問われる市民の自治能力 ……… 135
6 市民の直接参加と議会制度 ……… 137

対談 × 岸本 幸子(パブリックリソースセンター理事)
『市民とのぶつかりあいから生まれた新しい行政』……… 139

第4章 地方分権と市民自治

1 意志を持って合併を見送る ……… 165
2 自立したまちづくりに向けての8つの提案 ……… 171
3 いま求められる自立の精神 ……… 191
4 地方財政の自立 ……… 195

対談 × 菅原 敏夫(東京自治研究センター研究員)
『我孫子を支える8つの提案と市民自治』……… 198

付録 ……… 214
　我孫子の市民活動団体 ……… 214
　市の事業における市民との連携 ……… 218

第1章

手賀沼と団塊の世代

― 我孫子の市民活動 ―

1　手賀沼が育てた市民活動

我孫子のシンボルは手賀沼だ。大正時代には手賀沼の美しさに魅せられて、白樺派の文化人たちが居を構えた。志賀直哉、武者小路実篤、柳宗悦・兼子、バーナードリーチなどそうそうたるメンバーが、我孫子を拠点にして意欲的な創作活動を展開して、日本の文化に大きな影響を与えた。

そんな手賀沼も1970年ごろから、水質の悪化が目立つようになった。周辺の急速な宅地開発が進んで約50万人の生活排水が沼に流れこみ、1974年から2000年まで27年間、環境省の発表で全国湖沼の水質ワースト1を続けてしまった。それでも手賀沼は、我孫子の市民にとって常にかけがえのない財産であったし、私はこの手賀沼こそが我孫子の市民活動を育てたと思っている。

1970年代に東京のベッドタウンとして我孫子市の人口は急増した。この時代にマイホームを求めて我孫子市に移り住んだ市民は、団塊の世代が中心で、都内の一流企業のサラリーマン層が多かった。まったく価値観を抜きにしての話だが、給料水準もそれなりのレベルで、共稼ぎの必要もあまりないから、奥さんは専業主婦が多かった。ただし、団塊の世代は大学紛争も経験して、女性たちも社会的関心や問題意識は強い。

強い社会的関心を持ち、ある程度時間にも余裕のある女性たちの目の前に、ワースト1の手賀沼があれば、運動が起こらないはずがない。手賀沼の水質浄化のため合成洗剤を追放し石けんを使おうという活動が始まり、この石けん運動を軸としながら、暮らしの安全をめざす消費者運動が活発となっていった。

やがて、この運動を担っている人たちも次第に年齢が上がり、自分自身というより「親の介護」を深刻な問題として抱えるようになる。こうした中で福祉への問題意識が急速に高まり、自ら福祉の分野のさまざまな活動に取り組むよ

第1章　手賀沼と団塊の世代—我孫子の市民活動—

手賀沼の風景

うになる。環境の分野でも、手賀沼の水質だけに留まらず、地球環境問題のいろいろなテーマに活動が発展していった。

もちろん実際には、もっともっと多くの要素があるが、少々図式的で強引な分析を許していただければ、こんなイメージで我孫子の市民活動は発展をつづけ、たいへん幅広く層の厚いものとなっていった。今では、福祉をはじめ、環境、文化、国際交流、地産地消、観光など、あらゆる分野で我孫子のまちづくりの大きな推進力になっている。

21世紀の我孫子市のまちづくりにとって、手賀沼を中心とした自然環境と、この活発な市民活動の2つは、かけがえのない資源だと考えている。

2 ワースト1からの再生

ついに、2001年度に手賀沼はワースト1を返上した。2003年度は6位で、汚れの程度を示すCODの数値は、かつて25mg/ℓ以上あったものが、8.4mg/ℓと大幅に下がっている。環境省が04年に発表した10年間の水質改善度（91〜93年度と01〜03年度の水質の比較）では、手賀沼がベスト1に輝いた。

数値だけではあてにならないところもあるが、何よりも実際に目で見て水がきれいになり、手賀沼の遊歩道を散歩する人たち、漁協や貸船組合の人たちがワースト1返上を実感している。

ワースト1返上の直接の要因となったのは、北千葉導水事業で利根川から手賀沼に浄化用水が注ぎこまれたことだ。水の流れが増したことが大きな効果を上げた。同時に、沼に流入する汚濁量も、流域の自治体や住民の努力によってピーク時の半分近くになっている。まさに、国・県、流

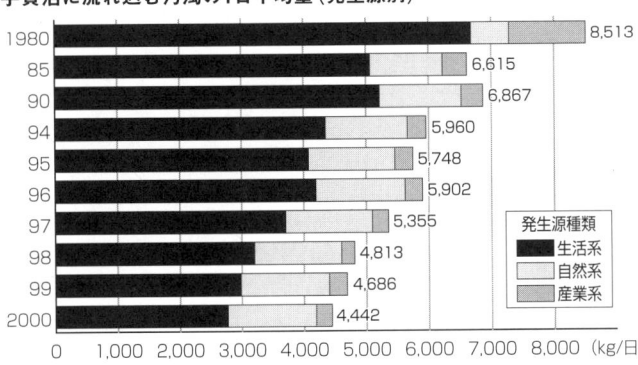

手賀沼年平均COD値の推移 （各年とも4月〜翌年3月の平均）

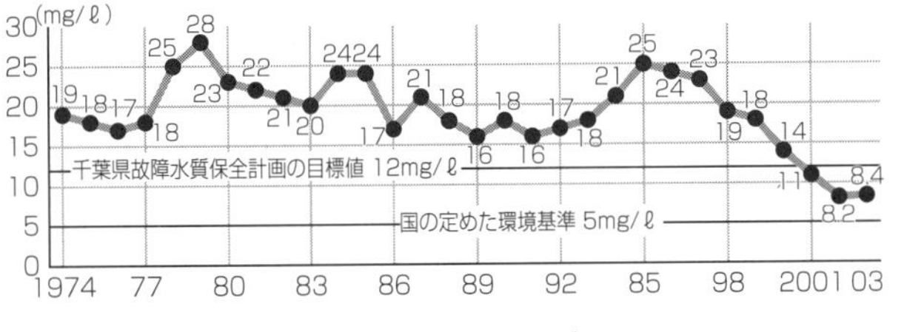

手賀沼に流れ込む汚濁の1日平均量（発生源別）

第1章　手賀沼と団塊の世代―我孫子の市民活動―

1 人と鳥の共存をめざして

我孫子市は"鳥のまち"でもある。手賀沼には、かつてトキやコウノトリが暮らしていた。大正時代までは野鳥の宝庫で、当時はガン、カモ、サギなど合わせて50万羽を越えたという記録も残っている。今ではかつての面影はないが、それでも年間を通して160種類くらいの野鳥が観察でき、都心から30キロ圏内でこれだけの野鳥のいるところは少ないはずだ。

手賀沼のほとりには、世界的な鳥の研究機関である財団法人「山階鳥類研究所」、日本で初めての市立「鳥の博物館」もある。市民団体の「我孫子野鳥を守る会」は、30年間以上も探鳥会や水鳥の調査を続けるなど、その活動が各方面から高く評価されている。

そこで我孫子市は、鳥を21世紀の子ども達に贈る豊かな自然の象徴として位置付け、「人と鳥が共存するまちづくり」を進めている。鳥がたくさんいるということは、豊かな水や森があり、魚や虫がいるということであり、人間にとっても住みやすい環境ということだ。我孫子市は将来都市像を「手賀沼のほとり心輝くまち～人・鳥・文化のハーモニー～」と定めている。

ジャパン・バードフェスティバル

毎年、「ジャパン・バードフェスティバル」が我孫子市で開かれる。研究者や芸術家、市民、芸術団体、自治体、企業など、あらゆるジャンルの鳥に関わる人々が一同に集まる日本初のイベントだ。2004年の第5回は、2日間

域の自治体、そして「美しい手賀沼を愛する市民の連合会」をはじめとする市民団体、あらゆる人たちの長年の努力が実ったものだ。

もちろん水質浄化には、まだまだ多くの課題が残っているし、水がきれいになるだけではなく、手賀沼を取り巻く自然全体を再生することが何よりも大切だと考えている。このため市では、県と協力して水性植物を中心とした水辺のビオトープづくりを進めたり、「我孫子市手賀沼沿い斜面林保全条例」を制定して、とくに沼周辺の緑地の保全に力を入れたりしている。手賀沼を中心としたエリアが、鳥をはじめとする豊かな生物の生息空間となったとき、本当に手賀沼が蘇ったと言えるだろう。

6

観る、知る、触れる、鳥を楽しむ2日間
ジャパンバードフェスティバル2004

開催期日　2004年11月6・7日

テ ー マ　「人と鳥の共存をめざして」

講演・シンポジウムなど

6日　講演会『マレーシアの野鳥とその保護の現状』
　　　　　会　場：アビスタ
　　　　　講　師：オオイ・チン・ホック（マレーシア自然保護協会鳥類保護部会長）

　　　鳥学講座『托卵する鳥とされる鳥の攻防戦と進化』
　　　　　会　場：アビスタ
　　　　　講　師：中村浩志（信州大学教授）

7日　『手賀沼水鳥シンポジウムⅡ』
　　　　　会　場：アビスタ
　　　　　コーディネーター：遠藤織太郎（元筑波大学教授）
　　　　　パネリスト：間野　吉幸（我孫子野鳥を守る会）
　　　　　　　　　　　大畑　孝二（日本野鳥の会サンクチャリー室）
　　　　　　　　　　　呉地　正行（日本雁を保護する会会長）
　　　　　　　　　　　中村　俊彦（千葉県立中央博物館生態環境部長）

　　　『子供・鳥と環境学会』
　　　　　会　場：手賀沼親水広場
　　　　　発　表：西郷小学校（宮城県登米郡南方町）
　　　　　　　　　戸倉小学校（東京都あきる野市）
　　　　　　　　　我孫子第二小学校（千葉県我孫子市）
　　　　　　　　　江戸崎中学校（茨城県稲敷郡江戸崎町）

　　　『カラスフォーラム』
　　　　　会　場：アビスタ
　　　　　講演講師：杉田昭栄（宇都宮大学教授）
　　　　　　　　　　「カラスを科学する〜その賢さからカラス問題解決へ」

主要イベント

アビスタ	『ワイルドライフアート展』、『野鳥映像上映会』、『キッズネスト』（子ども広場）、『鳥の銘菓などの販売』
手賀沼公園	『市内小中学校科学作品展』、『地元農産物の販売』
手賀沼親水広場	『NPO・NGO・行政パネル展』、『船上バードウオッチング』、『鳥関連商品の展示と販売』、『永井真人くんのトークとライブ』、『ヨット体験会』、『海外のバードフェスティバル情報』
水の館	『バードカービングコンクール作品展』、『デジタルバーディング』
鳥の博物館	『企画展/友の会展』、『小・中学校カービング作品展』

で全国から約5万5、000人が訪れ、日本最大の鳥の祭典となっている。

"鳥を楽しむ2日間"を合い言葉に、市内の6つの会場で、鳥の魅力を伝える芸術作品に親しみ、科学的な鳥の知識を学び、鳥を通して自然環境の大切さをアピールしている。バードカービング（木彫りの鳥の彫刻）など鳥のアートのコンクールと展示、鳥に関する活動をしている自治体・NGO（非政府組織）など30団体以上を紹介するパネルセッション、研究者による講演会、傷病鳥獣救護講習会、船上バードウォッチングなど、さまざまな企画が盛り沢山だ。

これからも、「自然と共存する真に豊かな生活の実現」を我孫子の地から日本全国へ、さらに世界へアピールしていきたい。そう遠くない将来にアジア・バードフェスティバルへと発展したいという夢も持っている。

フェスティバルを主催している実行委員会は、我孫子市のほか日本バードカービング協会など芸術団体、日本野鳥の会、鳥類保護連盟、山階鳥類研究所などの鳥類団体、光学機器メーカー、出版社、旅行社などの民間企業によって構成されている。NGO・NPO、行政、企業がまったく対等な立場で参加し運営しているのが特長だ。

実行委員会ではいろいろ苦労も議論もあるが、建前だけでなく実質も、三者が対等に言いたいことを言い合いつつ、お互いを尊重し協力して行っている。こうしたイベントというのは、まだ他に例は少ないだろう。大げさに言えば、社会づくりの一つの方向を示すものではないだろうか。

② 谷津ミュージアム・プロジェクト

我孫子市では2002年から、手賀沼沿いで最も谷津地形と自然環境が残っている岡発戸・都部地区の谷津約40haをまるごと保全・再生し、昭和30年代の農村環境の復活をめざす「谷津ミュージアム」事業を進めている。

「谷津」とは、台地に谷が入り込む独特の地形で、その細長い低湿地部は昔から水田として利用され、谷津田と呼ばれてきた。谷津田は米を生産する場であるだけでなく、様々な生き物を育む場でもあった。こうした谷津の自然環境を再生し、伝統的な農業やくらしの風景を復活させ、それをまるごと「野外博物館」にしたいと考えている。そこでは市民の自然とのふれあいや、農業者と消費者の交流が図

られ、「自然と人の共生」のシンボルになる。市では、20年後の将来を展望した長期プロジェクトとして位置付けている。

2004年7月には、まず「ホタル・アカガエルの里」1期分がオープンした。面積は約1.5ha で、湿地と斜面林に観察デッキや里山の道を整備し、自然観察をしやすくしている。ヘイケボタルやニホンアカガエルをはじめ、多くの動植物を観察することができる。さっそく環境レンジャーが案内人になって、ホタルと虫の声を楽しむ「夜の谷津の観察会」も行われた。

また、谷津の中央を流れる排水路のコンクリート護岸を動植物の生息環境に配慮した多自然型に改修する工事も、モデル地区約100メートルが完成した。

谷津ミュージアムの会を設立

これらの事業を進めるには、土地所有者の理解と協力が大前提となるし、谷津の中で環境にやさしい農業を続けていける仕組みや、その農産物の購入を含めた市民の協力も不可欠だ。市では「谷津における水田農業支援補助金」を2003年からスタートさせた。また、2004年5月には谷津ミュージアム事業を進めていく母体となる「岡発戸・都部谷津ミュージアムの会」を設立した。会は市民と市で共同運営し、自然観察、雑木林づくり、農道の草刈り、休耕田の復田作業などを行う。この活動を通して、谷津守人と呼ばれるような人づくりを進めていく。さらに農業生産法人の設立も目指していくことにしている。

3 手賀沼学会が誕生

2004年の7月には、「手賀沼学会」が創設された。学会といっても、小学生・中学生、一般の人たちが自由に

谷津ミュージアム「ホタル・アカガエルの里」観察会

第1章　手賀沼と団塊の世代―我孫子の市民活動―

参加できる井戸端会議のようなもので、発足の趣意書では、「手賀沼とは何かを考える場合、自然科学的アプローチのみでは、理解したとは言えないでしょう。法学、気象学、工学、生物学、歴史学、考古学、民俗学、環境学などあらゆる分野で、みんなで考え合ってみませんか。それを〈手賀沼学〉と呼ぼうではありませんか。」と提起している。

学会設立のきっかけになったのは、山階鳥類研究所の山岸哲所長から「手賀沼学会を作ってみたらどうだろう」というお話をいただいたことだった。私もぜひやってみたいと考えたが、その後、市内にある中央学院大学も、前から同じような構想をあたためていたことが判った。それでは市が間に入ってらし具体化させよう、ということになった。

中学生が副会長・多彩な活動始まる

約150人が参加して設立総会が開かれ、会長には、中央学院大学の大久保晧生学長が選ばれた。そして副会長は高校生の日暮一太さん、中学生の石井愛子さん、青年会議所の小川誠一さんというフレッシュなメンバーとなった。

総会後の研究発表会では、まず、元手賀沼土地改良区理事長の星野七郎さんから「手賀沼との共生は」をテーマに記念講演があった。90歳の星野さんは、手賀沼と共に人生を歩んでこられた方で、手賀沼に関する著作もたくさんある市井の研究者だ。実体験に基づくたいへん貴重なお話し分かりやすくしていただき、まさに手賀沼学会の発足にふさわしい講演となった。

続いて4つの発表があり、中央学院高校の生物部が「我孫子市岡発戸周辺の谷津に生息する昆虫類について」として、興味深くレベルの高い調査結果を報告。中央学院大学の佐藤助教授は「手賀沼研究の"私の視点"」として、バーチャル・ウォーターという概念による世界の水問題を報告。主婦の大竹佐和子さんは「私を魅きつける手賀沼周辺の人々から学んでいること」として、明治の時代に私財を投げうって我孫子駅と鉄道を誘致した元我孫子町長、飯泉良雄氏について紹介。最後に布佐中学校の郷土芸能講座が「布佐の郷に息づく古典芸能」として、神楽を実演してくれた。いずれも、これからの手賀沼学会の方向性を示す、多彩で充実した内容の発表であった。

今後、手賀沼学会では、野外も含めた学習会やニュースレターの発行などを進めていくことにしている。かつてこ

10

の地で、文人や芸術家たちが積極的な創作活動に打ち込んだように、市民が思い思いの創造を楽しみながら、自然と人の営みが文化になっていくまちを目指していきたい。

「手賀沼学会」発足趣意書

　私たちの手賀沼は、「日本一汚れた湖」という汚名をついに返上しました。これは、長い間、住民・行政・研究者が一体となって努力してきた賜物であり、大変喜ばしいことです。これを契機にこの沼の周辺に住んだり、そこで働いたりしている私たちは、「手賀沼とは何なのか」をさらに問いかけ、考え合い、もっとすばらしい沼にしていこうではありませんか。

　ところで、手賀沼とは何かを考える場合、自然科学的アプローチのみでは、理解をしたとは言えないでしょう。かつて手賀沼のほとりでは白樺派の文化人が活躍し、この地が文化の香り高いことはすでに周知の通りです。また沼の浄化活動をきっかけに市民活動が大いに盛んになりました。文学、法学、気象学、工学、生物学、歴史学、考古学、民俗学、環境学などあらゆる分野で、この「手賀沼集水域」が育んできた文化の総体を、みんなで考え合ってみませんか。それを、「手賀沼学」と呼ぼうではありませんか。

　学会といっても、小学生、中学生、一般も参加できる幅広い気軽な井戸端会議のような会です。ぜひこの趣旨にご賛同いただいて、ご参加ください。

深い秋の静かな晩だった。沼の上を雁が啼いて通る。(「好人物の夫婦」)

と志賀直哉は書いていますし、斎藤茂吉がこの地で

春の雲かたよりゆきし昼つかた　とほき真菰に雁しづまりぬ

と歌ったのは今から、そんなに遠くない昔です。その頃、私たちはこの沼で泳ぎ、この沼にマガンやヒシクイが飛来していたのです。そんな手賀沼を私たちの手で取り戻してみませんか。そのための第一歩として手賀沼学会を立ち上げ手賀沼をもっともっと知ろうではありませんか。

手賀沼学会発起人
　遠藤直人（我孫子青年会議所理事長）
　大久保晧生（中央学院大学長）
　西　好一（電力中央研究所地球工学研究所長）
　西畠　整（東京福祉大学教授）
　西村秀俊（元朝日新聞論説委員）
　日暮一太（中高生企画委員会代表）
　福嶋浩彦（我孫子市長）
　星野七郎（元手賀沼土地改良区理事長）
　松田芳夫（リバーフロント整備センター理事長）
　宮下三禮（我孫子野鳥を守る会幹事）
　深山正巳（全国内水面漁場管理委員会連合会長）
　八鍬雅子（NPO法人・せっけんの街副理事長）
　山岸　哲（山階鳥類研究所長）

3 「パートタイム」市民から「全日制」市民へ

手賀沼がワースト1を返上した今、我孫子の市民活動も大きな転換を迎えている。

手賀沼浄化の活動をきっかけに我孫子の市民活動を引っ張ってきた女性のリーダーたちは、20代30代のころから30年以上、活動の先頭に立ち続けてきた。今でも我孫子の市民活動を支えてくれている。しかし同時に、最近は新たに30代〜40代の女性が中心になった活動が活発になってきた。女性の中で世代交代が進んでいる。それともう一つ、シニア男性の姿が地域活動の中に目立つようになってきた。

1 高齢社会は楽しみだ

前に述べたように、我孫子市は1970年代に東京のベッドタウンとして人口が急増した。この頃に転入してきた人達は一つの世代に集中していて、現在は50歳代後半から60歳代前半になっている。このため本市は、これから一気に超高齢社会を迎えることになる。

それでは、我孫子市の将来は暗いのだろうか。決してそんなことはない。今、市内には日本や世界の第一線で活躍している人がたくさん住んでいる。しかし残念ながら、我孫子は寝に帰ってくるだけの場所で、こうした人達を「パートタイム」市民と呼んでいる。しかし、やがて定年になって今までの仕事をリタイアすると、今度は活動の中心を我孫子に移して、「全日制」市民になってもらえる。

つまり高齢社会は我孫子市にとって、すばらしい人材が帰ってくる時代だと言える。実際、市内では、男性だけで毎年約1,000人が60歳を迎えている。この人々の力を、まちづくりに活かさない手はない。

3 「パートタイム」市民から「全日制」市民へ

「シニア男性の定年後の地域社会での活動意向調査」

退職後のイメージ

あなたは定年退職した後、どのような生活をイメージをしていますか。(1人1回答)

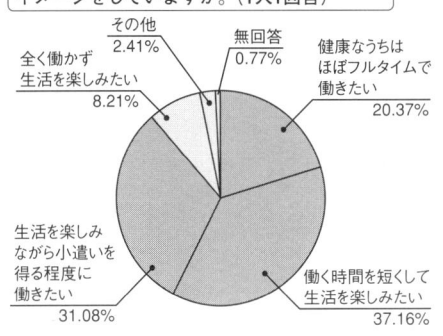

- 健康なうちはほぼフルタイムで働きたい 20.37%
- 働く時間を短くして生活を楽しみたい 37.16%
- 生活を楽しみながら小遣いを得る程度に働きたい 31.08%
- 全く働かず生活を楽しみたい 8.21%
- その他 2.41%
- 無回答 0.77%

退職後の起業の意向等

あなたは定年退職後に、地域で新しい事業を起こしたりして働いてもいいと思いますか。(1人1回答)

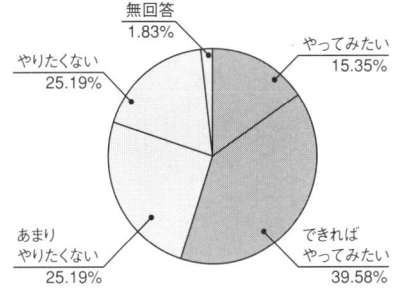

- やってみたい 15.35%
- できればやってみたい 39.58%
- あまりやりたくない 25.19%
- やりたくない 25.19%
- 無回答 1.83%

新たに事業を起こす場合の分野は？

分類	主な内容（項目ごとの回答数）	回答数
手賀沼を楽しむ	手賀沼にレストランをつくる(169) 手賀沼の汚泥を活用し商品化する(140) など	412
教える	園芸、盆栽教室を開く(93) 男の料理教室を開く(82) 個人事業家への経営指導(74) 木工・電気工事教室開設(72) など	479
食べる	無農薬農産物生産(159) 無農薬農産物販売(132) 手作り食品の製造販売(100) など	139
助ける	庭木の手入れ(193) パソコンの出張お助けサービス(149) 高齢者・障害者の移送・付添サービス(107) 人材派遣事業(86) 高齢者・障害者向け旅行企画(80) など	751
よみがえらせる	リサイクル品の再生・販売(220) リサイクル品のフリーバザー開催(85) リサイクル品の輸出(81)	386
つくる	地ビール作り(147) 環境共生住宅建築(58) など	269
つなぐ	退職者人材バンク作り(192) 観光ガイド(83) など	336

シニア男性の定年後意向調査

市は中央学院大学の岩崎恭典教授（現・四日市大学教授）の研究室とタイアップして、東京などに通勤する50歳代の男性サラリーマン約1,000人に、「シニア男性の定年後の地域社会での活動意向調査」を行った。

その結果は、「地域で社会的に意味のある物やサービスを提供する市民事業をやってみたい」が55％あった。また約半数の人は50万円以上の出資が可能としている。定年後は自分のライフスタイルにあった生きがいのある仕事をして、自分の知識や経験を地域社会に役立てたい、という意向が強いことが判る。

しかし問題もある。「一緒に事業を起こしてもいい友人がいる

第1章　手賀沼と団塊の世代―我孫子の市民活動―

か」の問いに、「いない」が60％で最も多い。そもそも今まであまり地域と関わってこなかったのかもつかめない。こうした点で行政のバックアップが必要であり、どんな市民事業にニーズがあるのかもつかめない。こうした点で行政のバックアップが必要であり、さまざまな情報提供やネットワークづくりが大きな課題だ。そうした役割を担うものとして、ボランティア・市民活動サポートセンターを開設している。活動のきっかけづくりに「ボランティア・NPO入門講座」や「市民活動レベルアップ講座」なども開いている。

ボランティア・市民活動サポートセンター

ボランティア・市民活動サポートセンターが現在あるのは市民会館の2階で、閉店になったレストランの跡。お店の客席の部分がサポートセンターになっている。厨房では、NPO法人「食の会あびこ」が、配食サービスで市からの委託を受け、高齢者のお宅に配る夕食の弁当を毎日調理している。

広さは約170㎡。打ち合わせに気軽に使えるフリースペース、紙を持参すれば自由に使える印刷機や製本機があるる作業室、必要な情報を検索したりホームページで活動情報を発信できる情報コーナーなどがある。団体相互間の連絡用メールボックスも備えている。

最初は市直営の「市民活動支援センター」として開設されたが、2003年からは社会福祉協議会の「ボランティアセンター」と統合され、現在の社会福祉協議会と市で構成するサポートセンターとなった。市民と社会福祉協議会と市で構成する運営委員会によって運営されている。公募によるスタッフやコーディネーターが常駐し、利用している市民活動団体は現在約130団体。多くの市民に活用されている。また、運営委員会の下には「情報交流」「オフィス」「機会の提供」「広報」の4つの部会があり、活発な活動をしている。2004年には、人財バンクも立ち上げたところだ。

NPOの法人市民税を免除

国がNPOの介護サービスなどを収益事業と認定したため、多くのNPO法人が課税対象になっている。社会福祉法人の場合は非課税であり、整合性に欠けるように思う。とくに法人市民税の均等割は収益事業が赤字でも一律に課税されるため、年額5万円だが、小さなNPO法人にとってはかなりの負担となる。

3 「パートタイム」市民から「全日制」市民へ

市民活動フェアinあびこ2004

「広報 あびこ」より

	区分	催し名	内　容	時間・場所
2月28日（土）	交流	読んで！見て！聞いて！市民活動の世界へようこそ	市内のボランティア団体や市民活動団体の情報を提供します。	10:00～16:30 屋内ストリート
	体験・実演	救急救命講習「命を救え」	消防士による心肺蘇生（そせい）法の講習を行います。定員:20人（応募多数時は抽選）申し込み：電話で2月23日午後5時までに市民活動支援課・内線489へ	13:00～16:00 第1・2和室
	展示	参加団体の展示	45団体などの活動内容をパネル展示で紹介します。	10:00～16:30 第2～5学習室ほか
	講座	「自分を信じ、仲間を信じ、最後まで絶対にあきらめない～この信念が奇跡を生んだ!」	チーム全員が力を合わせて努力することの大切さの話を聞き、組織とは何かを考えます。講師：太田治さん（前日本電気株式会社ラグビー部監督）定員：当日先着150人	10:00～11:30 ホール
		市民活動入門講座	市民活動への一歩を踏み出すための入門講座です。○講演「名刺・肩書きなしの人生～私にもできる地域活動」講師…齋藤信夫さん（社団法人日本青年奉仕協会事務局長）○体験談：森滋さん（NPO法人我孫子ビークルサービス代表理事）○施設見学（湖北台近隣センター、ふれあい工房、サポートセンター）定員：40人（応募多数時は抽選）、参加費：700円（昼食代含む）申し込み：電話で2月23日午後5時までに市民活動支援課・内線489へ	10:00～15:30 第1学習室ほか
	楽しむ	Let's sing a sign language 手話うた	皆さんと一緒に手話うたを歌います。	12:00～13:00 ミニホール
		限界に挑戦!!巨大折り紙!!	5m×5mの紙で巨大な折り紙を作り展示します。	13:00～15:00 ミニホール
		まわって発見！集めてラッキー☆	スタンプラリー。全部押した方には良いことが待っています。	10:00～15:00 1階総合案内
		見つけてラッキー☆風船屋さん!!	風船で動物などを作りプレゼントします。	10:00～16:30 館内（実施時間と場所は不定）
		市民活動元気づくり事業成果報告会	事業に参加した10団体が成果報告とパネルディスカッション「連携によって見えてきた新たな扉」を行います。定員：当日先着150人	13:00～16:30 ホール
2月29日（日）	交流	読んで！見て！聞いて！市民活動の世界へようこそ	市内のボランティア団体や市民活動団体の情報を提供します。	10:00～16:30 屋内ストリート
		リレー発表会ボランティア体験談	ボランティアや市民活動を行っている方4人が体験談を発表します。	13:00～14:30 ミニホール
	体験・実演	乗馬をとおして癒しを体験	乗馬による心身の癒し効果を体験できます。（荒天中止）	10:00～12:00 13:00～15:00 手賀沼公園
		ビデオ上映「市民活動ウォッチング」	神楽（かぐら）や古利根沼の自然などのビデオを上映します。	12:40～13:30 ホール
		車椅子・疑似体験＆スピードボール	車いす体験や加齢による障害の疑似体験、障害者スポーツとして注目されているスピードボール体験ができます。	10:00～12:00 第1学習室
	展示	参加団体の展示	45団体などの活動内容をパネル展示で紹介します。	10:00～16:30 第2～5学習室ほか
	講座	パネルディスカッション「昔からの市民活動～みんなで行う地域の防犯・防災の知恵」	地域の防犯・防災活動は昔からの市民活動。専門家のヒントを得て、何をすべきかを考えます。パネリスト：中川庄吾さん（我孫子市防犯協議会副会長）、百々和昭さん（NPO法人実武道会館長）、松村勝豊さん（NPO法人日本ガーディアン・エンジェルス柏支部長）、防災担当消防士、地域防災担当警察官　　定員：当日先着150人	10:00～12:00 ホール
		「アフリカ貧困視察に参加して」	アフリカの貧困などの現状を聞き、私たちに何ができるのかを考えます。講師：寺内昇さん（日本財団広報部長）　定員：当日先着150人	14:30～16:30 ホール
	楽しむ	雅（みやび）な貝合わせで遊びましょう	平安時代の貴族のみやびな遊びを楽しみます。	10:00～15:00 第1・2和室
		昔遊び「みたことあるかな？」	竹とんぼやお手玉、おはじき、輪投げ、メンコなどで遊びます。講師：渡辺陽一郎さん（竹とんぼ）	10:00～15:00 工芸工作室
		まわって発見！集めてラッキー☆	スタンプラリー。全部押した方には良いことが待っています。	10:00～15:00 1階総合案内
		見つけてラッキー☆風船屋さん!!	風船で動物などを作りプレゼントします。	10:00～16:30 館内（実施時間と場所は不定）

第1章　手賀沼と団塊の世代―我孫子の市民活動―

そこで、我孫子市はNPOの法人市民税均等割を免除することにした。我孫子市の優遇措置を受けるため、事務所をわざわざ我孫子市に置くNPO法人もあるようだ。

市民活動フェア in あびこ

毎年、市と市民で実行委員会を作って市民活動フェアを開催している。このフェアは、市内で行われている市民活動を広く紹介するとともに、人の出会いや仲間づくり、団体同士の交流の場となっている。

2004年は、大学生や企業からのメンバーも加わり、45の市民活動団体とともに準備を進めて2月に開催した。メインテーマは"自分にできること 気づき驚き 新たな出会い"で、「交流」「体験・実演」「展示」「講座」「楽しむ」の分野ごとにさまざまな催しが行われた（前ページ表参照）。2日間で約3,000人の参加者があったが、フェアで知った市民活動に新しく参加したり、フェアをきっかけに自分で活動を始めたりする人もいる。これからも市民活動との出会いの場、自分らしい生き方を見つける場として充実させていきたい。

② 地域に軟着陸して活躍

すでに市内で活躍している高齢者グループが増えている。NPO法人「ディヘルプ」はその代表格だ。日曜大工が好きだった男性高齢者が中心で、会員約30名。高齢者や障害を持つ人が自宅で安心して生活できるように、階段や浴室に手すりを付けたり段差を無くすなど、簡単な住宅改修を手がけている。

1994年から活動を始め、10年間で市内で付けた手すりは5,200本以上、段差などの解消は3,400ヶ所以上という実績を持つ。腕前もすっかりプロ並みになった。市も、住宅改修の補助制度を作るなどして側面からバックアップしている。

また、市の「ふれあい工房」では、木工、電気製品修理の技術を持つ高齢者に、技術アドバイザーをお願いしている。この工房は、粗大ゴミの家具や家庭から持ち込んだ電化製品などを、市民が自ら修理して再利用する参加型リサイクルセンター。現在45人いるアドバイザーは、ふれあい工房になくてはならない存在として市民に喜ばれている。

3 「パートタイム」市民から「全日制」市民へ

カルチャーショックを越えて

しかし残念ながら、シニアの皆さんの誰もが、定年後うまく地域にとけ込んで活躍しているわけではない。とくに男性は、カルチャーショックを２つか３つは乗り越えなければならないからだ。

これまで女性が中心で担ってきた地域の活動に、「これからは企業で活躍してきた俺が指導してやる」といった感じで入っていく男性は、まず失敗する。いきなり女性たち前で演説して"くすくす"と笑われて、２度と参加する気力を失ってしまう。〈社会〉を知っていたつもりが、実は知っていたのは〈会社〉だけ、ということもある。地域社会については、政治や経済も含めて、地域で活躍してきた女性のほうがはるかに良く知っているのだ。

また会社時代は、○○部長、○○常務と肩書き付きで呼ばれていたが、定年で地域に戻ると、肩書きが無くなるのは当たり前なのだが、それだけにとまらず、名前まで無くなる。会社の会合に夫婦で行っていたときは、女性の方が「○○部長の奥様」となって名前が無かった。しかし地域に入ると、今度は「○○さんのご主人」となって、最初は自分の名前さえ呼んでもらえない。

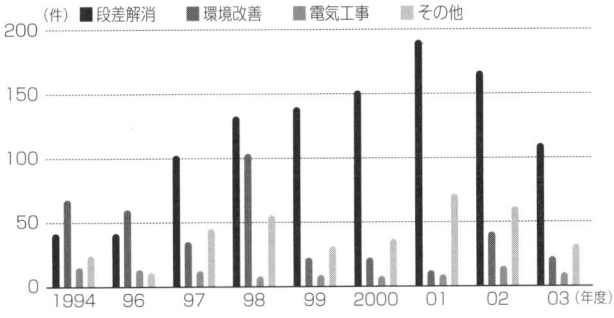

10年間に取り付けた手すりの本数
（本）■浴室 ■トイレ ■階段 ■玄関 ■廊下 ■その他

段差解消・環境改善工事
（件）■段差解消 ■環境改善 ■電気工事 ■その他

17

第1章　手賀沼と団塊の世代―我孫子の市民活動―

ディヘルプ活動「老いが老いを助ける」

さらに悪いことに、ある生命保険会社の調査によれば、男性の多くは定年後、夫婦で一緒に活動することを希望しているが、女性の多くは、定年後まで夫の面倒をみるのはこりごりで、一人で自由に活動するのを願っているそうだ。そうなると、地域で顔の広い奥様に、地域の活動に一緒に連れていってもらって皆に紹介してもらうというわけにもいかない。

それでは男性だけでコミュニティビジネス（市民事業）の有限会社を立ち上げようとメンバーを募集したら、"顧問"希望者ばかり集まったという。責任をとる社長と、汗を流して働く社員は敬遠されて、口だけ出す顧問に希望が殺到したということらしい。実はこれは、行動が先にくる女性たちが男性を皮肉った作り話かもしれない。しかし、まったくあり得ない話でもなさそうだ。

それでも、カルチャーショックを乗り越えて地域に軟着陸し、市民活動・市民事業の中でがんばる男性の姿は確実に増えている。そして、さらなる可能性を持っている。その可能性をうまく引き出すことが、21世紀のまちづくりを成功させる鍵だと思っている。

4 コミュニティビジネスで地域を創る

我孫子市は、地域活性化の目玉として、コミュニティビジネス（市民事業）を積極的に育成していくことにしている。コミュニティビジネスとは、地域が必要とする物やサービスを、地域の住民自身が事業を起こして提供するもの。地域密着型の新しいタイプのビジネスと言える。そこでは一定の収益もあげるが、単に利益のためではなく、地域や社会の役に立ちながら自己実現を図ることが大きな目的となる。

1 活躍するコミュニティビジネス

すでに以前から、コミュニティビジネスは地域で取り組まれてきた。例えば、「NPO法人せっけんの街」の石けん工場がある。1994年に我孫子市や隣の柏市の市民など9,000人の出資金で完成した。手賀沼の水質浄化のため「廃食油を流さない」「安全な石けんを使う」という運動を、ビジネスに発展させたものだ。生産された石けんは『手賀沼せっけん』のブランドで販売され、市内のスーパーなどでも買うことができる。我孫子市では、月2回、全市の各家庭のてんぷら廃油を市内に約1,700ヵ所あるステーションで回収しているが、その廃食油をこの石けん工場に持ち込んでいる。そして、市内の小中学校の学校給食では、食器などの洗浄にすべて『手賀沼せっけん』を使っている。

1995年には地域の数人の主婦たちによって、子育て支援のためにベビーシッターを派遣する有限会社「ママメイト」が設立された。その後、高齢者へのホームヘルプサービスや移動入浴サービスも行うようになり、介護保険の事業者にもなった。現在は株式会社に移行し、関西にも支店を持っている。すでにコミュニティビジネスの枠を越えて発展していると言えるだろう。

第1章 手賀沼と団塊の世代—我孫子の市民活動—

この他にも、やはり介護保険の事業者でホームヘルプサービスを中心に活躍しているNPO法人「まどか」などがある。こうしたコミュニティビジネスでは一定の雇用も生み出している。

2 あらゆる分野でコミュニティビジネスを

これからさらに、子育て支援や介護、環境をはじめ、IT、観光、地元農産物の販売など、あらゆる分野でコミュニティビジネスを育成したいと考えている。

具体的には、二〇〇二年から「コミュニティビジネス・シンポジウム」や「コミュニティビジネス起業講座」「ワンストップ相談会」などを開催してきた。また、コミュニティビジネスの起業者、市、専門家、商工会などをメンバーとした推進委員会（会長は市長）を設置して、地域にある人・物・金・情報などの経営資源をコミュニティビジネスが有効に使えるような環境づくりに取り組んでいる。

起業講座プログラム（2002年）

第1回 1/31（土）
市民によるコミュニティビジネス起業について
講師：澤登信子（NPO法人コミュニティビジネスサポートセンター）

第2回 2/7（土）
コミュニティビジネスの現状と展望
講師：永沢 映（NPO法人コミュニティビジネスサポートセンター）

第3回 2/8（日）
我孫子市におけるコミュニティビジネスの事例
講師：大川新人（多摩大学総合研究所CB研究センター）
　　　佐久間満恵子（㈱ママメイト）
　　　比戸寿代（NPO法人せっけんの街）

第4回 2/14（土）
我孫子市の資源を活用した地域活性化について
講師：永沢 映（NPO法人コミュニティビジネスサポートセンター）
　　　田村信之（㈲サイコム）

第5回 2/15（日）
経営ノウハウ
講師：川野真理子（NPO法人キープラネット）

第6回 2/22（日）
マーケティングノウハウ
講師：繁澤晶教（SOLファイナンシャル・デザイン）

第7回 2/28（土）
コミュニティビジネス起業に関する自己開発
講師：坂本雅子（アンドティー）

第8回 2/29（日）
コミュニケーション手法について
講師：坂本雅子（アンドティー）

第9回 3/6（土）
コミュニティビジネス事業計画書の作成①
講師：山本健一（中小企業診断士）
　　　玉崎雅人（社会保険労務士）

第10回 3/13（土）
コミュニティビジネス事業計画書の作成②
講師：山本健一（中小企業診断士）
　　　玉崎雅人（社会保険労務士）
　　　押田百々枝（税理士）

第11回 3/20（土）
コミュニティビジネス事業計画書の意見交換
講師：山本健一（中小企業診断士）
　　　玉崎雅人（社会保険労務士）

アドバイス・フォーラム

2004年3月には、コミュニティビジネス・アドバイス・フォーラムを開催した。これは、コミュニティビジネスを目指す市民から公開で事業計画を発表してもらい、その内容について専門家からアドバイスを行うものだ。コーディネーターはNPO法人コミュニティビジネスサポートセンターの澤登信子さんが務め、アドバイザーは山極完治さん（東邦学園大学経営学部教授）、小野広和さん（元・青年会議所経済システム創造室NPO支援委員長、斉藤温文さん（中小企業診断士／びいと六十代表取締役、木川敏子さん（行政書士）、地元銀行の融資担当者の5人にお願いした。発表のあった企画案は次の3つ。

○地域密着型簡易防犯システムの開発・普及
（あびこ・シニア・ライフ・ネット）
○環境造園我孫子ハーブガーデン（個人）
○デイサービス・宅老所（有限会社の設立予定者）

それぞれに「事業のめざす成果」「事業内容」「タイムスケジュール」さらに「収支計画」「雇用創出効果」などについて説明があり、アドバイザーからは、事業の会計規模、他団体との連携、人材の集め方等々について積極的な提言がなされた。

一人暮らしの高齢者などへの防犯対策、日常的に利用できる自然と親しむ癒しの場、地域の中での自立した生活を支える小規模・多機能サービス拠点など、企画案はいずれも地域のニーズと新たなまちづくりの展開にマッチしたものだ。今後の展開が期待されていたが、早くも2004年6月、有限会社トータル・サイドサポートによるデイサービス・宅老所「れもん」が誕生した。コミュニティビジネス起業講座の受講者による起業である。2006年から新たに介護保険の中心となる「地域密着型サービス」の担い手として期待されている。

また、2005年にNPO法人となった「あびこ・シニア・ライフ・ネット」も、防犯装置の販売、取付・巡回サービスなどを新事業としてスタートさせている。警備会社と契約することもとても困難な高齢者世帯などに向けて、市販の防犯機器と組み合わせ、その家に合ったオリジナルで簡易な防犯システムを開発し取り付けている。アフターケアで定期的な巡回サービスも行い喜ばれている。

第1章　手賀沼と団塊の世代―我孫子の市民活動―

ポータルサイトとSOHO

我孫子市におけるITを活用したコミュニティビジネス支援は、2003年度の経済産業省のモデル事業にもなった。このモデル事業の一環として、ホームページによるコミュニティビジネス支援サイト"あびこCBネット"を開設している。内容は、①コミュニティビジネスの相談、②コミュニティビジネスの情報提供、③市内の地域情報（リアルタイム商店情報）の提供などだ。コミュニティビジネスの相談（専門家による相談は有料予定）、NPO法人コミュニティビジネスサポートセンターが立ち上げ、我孫子市コミュニティビジネス協会（ACOBA）によって運営されている。

さらに市では、コミュニティビジネスや市民活動のSOHO（スモールオフィス・ホームオフィス）を作りたいと考えている。起業を希望している人へのアンケートでも必要な支援として「事務所スペースの提供」という回答が最も多かった。コミュニティビジネスなどの立ち上げの2～3年間、低家賃で事務所を提供することを計画している。

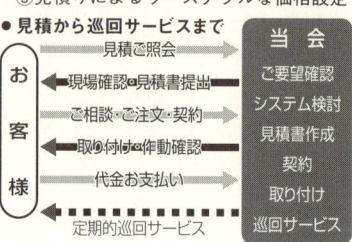

特定非営利活動法人
あびこ・シニア・ライフ・ネット

● 当会の目的
　①お客様ニーズを盛り込んだ地域密着型装置の提供
　②責任ある取り付けと定期的巡回サービスの実行
　③見積りによるリーズナブルな価格設定

● 見積から巡回サービスまで

理事長：佐々木敏夫
連絡先：〒270-1165　我孫子市並木9-5-12
　　　　TEL 04-7182-5719
ホームページ：http://www.abikosln.org/NPO

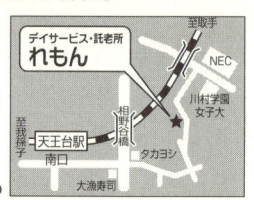

デイサービス・宅老所　れもん

・サービス実施地域　　我孫子市・柏市・沼南町
・営　業　時　間　　9：30～16：00
・定　休　日　　水曜日・年末年始
・介護保険事業所番号　1272700525

〒270-1138
千葉県我孫子市下ケ戸
227-1

TEL：04-7181-8966
FAX：04-7181-8977
E-mail：
　lemon@tbj.t-com.ne.jp

3　コミュニティビジネスの可能性

コミュニティビジネスは、公共を支える民の主体を豊富にしてくれる。

リタイア後のシニア世代がコミュニティビジネスに豊かな経験と知識を活かして取り組んでもらえれば、また、市内の商店がサイドビジネスとして、若い世代が柔軟な発想で、そして女性がその行動力を発揮して取り組んでもらえ

22

れば、地域づくりの新しい可能性が生まれると思う。

今日、日本経済の再生が強く望まれている。しかし一方、私たちの身の回りには物があふれているのも事実だ。地球環境やごみ問題も解決の方向に向かっているとは言えない。そんな状況において、ただやみくもに生産を増やし、消費を増やし、景気を回復しようとしても上手くいかないし、限界があるだろう。

今、私たちが本当に必要としている物やサービスはどんなものなのか、また環境と共生するライフスタイルをどう実現するのか、そんな新しい社会像を創りだしていく中にこそ、経済の真の再生もあるのではないだろうか。そういった意味でも、私たちの生活と地域に密着したコミュニティビジネスは、新たな社会の仕組みを生み出していく一つの力になるはずだ。地方分権の時代、新しい社会システムづくりを地域からも取り組んでいきたい。

団塊の世代とコミュニティビジネス

日本社会の高齢化は地方の農村から始まった。しかし、団塊の世代が高齢化を迎えるとき、大量の高齢者を抱えるのは都市だ。とくに、大都市圏のベッドタウンとして人口急増した都市はこの傾向が強い。我孫子市もその一つだ。

団塊の世代が高齢者となったときは、今までの高齢者とは価値観も行動パターンもかなり違うだろうと予想されるが、その実像はまだはっきりしていない。もし、団塊の世代高齢者が、豊富な経験を生かしつつ高い能力を発揮し、ニュー・シニア世代として活躍して地域づくりをリードする存在になれば、都市はこれからも生き延びて、新たな発展を実現するだろう。

しかし逆に、団塊の世代高齢者が、権利意識は強いが依存指向で要求ばかりのサービス消費世代になれば、都市は潰れてしまうのではないか。最初に高齢化した農村部は、従来型のコミュニティをそれなりに残していたし、高齢者も「できる限り人のお世話にはなりたくない」という自立指向が強かった。そんな農村部の強さを都市は持っていない。

以上のような意味で、都市の将来は団塊の世代の動向にかかっていると言ってよいと思う。団塊の世代が「全日制市民」になったとき、できる限りサービスの消費者ではなく、サービスの提供者＝社会を支える側になってもらう。そのためのツールがコミュニティビジネスだと考えている。

対談 『分権時代の今、地方は何をすべきか』

千葉県知事 堂本暁子 × 我孫子市長 福嶋浩彦

――本日はお時間をいただきましてありがとうございます。

さて、地方分権改革がさけばれる中、各地で市町村合併が行われております。このような時代で県、市町村を含めた地方という枠組みで、今そのあり方が問われています。堂本知事、福嶋市長におかれましては21世紀臨調にご参加されるなどいろいろご活躍をされていらっしゃると伺っております。

政策としましては、堂本知事は「徹底した情報公開と県民参加」という言葉のもとに、千葉主権の確立を目指して、三番瀬の保全と再生であるとか、千葉なの花県民会議、タウンミーティングとして福祉関係の方、ひいてはNPO立県ということで施策を推進しているかと伺っております。

一方、福嶋市長は、市民参加による地域づくりという中で「市民自治」ということを提唱され、市政を大きく改革されるなど精力的に活躍されていらっしゃいます。

本日、ご両名には、今地方がみずから何をすべきかという大きいテーマの中で県、市という立場の中から

《対談》VS堂本暁子・千葉県知事

お話を伺いたいと思いますので、よろしくお願いいたします。

福嶋 今、市民自治というお話をいただきました。地方分権の時代と言われてもうしばらくたちますけれども、分権の意義というのは、国と都道府県と市町村という行政の中での権限の再配分に意味があるのではなくて、それも一つかもしれませんが、一番の意義というのはやっぱり主権者である市民、住民にとって一番近いところに行政権限が来て、市民がみずから自分たちの地域を自分たちで決めていくということに意義があると思うんです。
ですから、いくら県に権限が来ても、市に権限が来ても、そこに市民の自治がなければあまり意味がない。地方分権も半分ぐらいの価値しかない。半分というか10分の1ぐらいかもしれません。だから、しっかり自治体で市民の自治の仕組みをつくっていく必要があるのではないかなと思っているんですけれども。

堂本 そういう意味で言うと、私はまずは選挙に行くということが民主主義の基本だと思うんですね。とかく千葉県は選挙の投票率が低いんですけれども、やはり市民が主権者ということだと、その中で自分の代表を選ぶと

第1章　手賀沼と団塊の世代―我孫子の市民活動―

いう、特にそれは基礎自治体、福嶋さんのような市長さん、そういう市長さんを選ぶことが一番大事なんだろう。どこの住民会議へ行っても、私よりも市長さんや町長さんや村長さんの方が皆さんにとっては大事だよと私は言い続けているんです。やはり今言われた市民が主体、市民が主権者だという、そういう考え方で言うと、やっぱり県でも国でもなくて基礎自治体、市町村が一番大事なんだろうというふうに思うんです。市町村の市町村議会、それから各市町村の首長さんをどう選び、そしてどう運営をしていくかということによって、本当に市民が主体となる政治のいろいろなシステムが実現していくんじゃないかと思っています。

福嶋　知事さん言われたように、基本はもちろん選挙ですね。今回、我孫子市は衆議院選挙と市議選が同日選挙になって67％ぐらいです。

堂本　我孫子市の投票率は高かったですね。すばらしくよかった。ほかが57％なのに10％上だというのはすばらしいことだと思いました。市議に女性も11人も当選して。

福嶋　3分の1を超えましたのでね。

堂本　もうびっくりしました。

福嶋　全国的にもトップレベルだと思います。同時に、首長や議員を選ぶというだけではなくて、やっぱり市民が直接いろんなものに参加をしていくという仕組みがとても大切だと考えています。知事さんも県政に対して県民参加を一生懸命やっていらっしゃってすごくいいなと思うんですが、本当に市民が自分たちで決めていくというリアリティをもてるの

はやっぱり市町村のレベルかなと思うんですよね。県全体で県民が大多数参加してなんていうのはちょっと難しい話ですからね。いろんな専門家とか直接それに携わっている人の参加というのはできるでしょうけども。そういう意味で、知事さんにも言っていただいているように、やっぱり分権というときに市町村レベルに権限がきちんと来るのが一番大切だと思っています。

堂本　合併が進んで、そして本当に市町村の足腰が強くなるといいますか、県に依存する、あるいは国に依存するというような体質から脱却したときに、分権というのは確立されるのだと思います。そのときには都道府県というものの権限とか役割はまた考え直されなければいけないし、今盛んに道州制などと言われているぐらい、枠組みも変わってくる可能性があります。そういった中でやっぱりいかにして市町村がいい形での市民参加のシステム、そしてシステムだけじゃなくて市民一人ひとりがそういう意識を持つということが大事なんじゃないですかね。

福嶋　そうですね。

堂本　今までは「おかみ」と言ってきた日本、何かおかみ任せだった日本、そこから脱却して自分たちで物を決めていくんだというふうになるのにはちょっと時間がかかるかもしれませんけれども、間違いなくもうスタートしているような気がします。

福嶋　たしかに現在、本当に市民全員が完全に自治を望んでいるかというと、必ずしもそうではないかもしれない。言葉の上では賛成する人は多いですが、現実的にはむしろ自分の望むように市で責任を持ってやってほしい、県でやってほしい、悪い言葉で言えば「気持ちよくちゃんと管理してほしい」と思っている人が実際にはまだまだ多いだろうと思うんですよね。本当に自分自身が責任を負って自治をやっていくとなるには、市民みんながこれから変わっていかなければいけないんだろうと思います。

堂本　千葉県の場合は、福祉関係では地域福祉支援計画を当事者がつくるという作業をやりました。障害者の方たちはいろいろな具体的な不便を経験しているんだと思うんです。目が見えない場合、耳が聞こえない場合、あるいは車いすに乗っている場合、いろんなケー

スがありますけれども、それぞれ何か、制度の使いにくさ、行政サービスの不備というようなもので言いたいことが今まで山のようにあったんだと思うんですね。そうしたことを直接お聞きするために県に当事者の方に来ていただきました。目の見えない方が盲導犬と一緒に県庁までやってきました。本当に不思議なぐらいそれは感動するものなのですけれども、県庁職員は全部資料を点字にしてそれを読んで、また議事録を点字にしてと、大変な手間暇がかかるんですけれども、一人そういう方が入ることによって県庁職員の意識が皆変わっちゃいますね。

それまでは例えば福嶋さんがいれば、私は見えるから「私は福嶋ですが」と言わなくてもよかった。でも、目の見えない方がいるとみんなが「堂本です」と言ってから発言する。そうすると目の見える人でも、あの人だれだったんだろうと思っていた人が皆わかるというような、やっぱり障害を持った方のレベルでいろんなことが考えられていくと非常に世の中が柔らかくなってきますね。そして、住みやすくもなってくるということで、地域福祉支援計画の素案をつくり、今

タウンミーティングをやっていますね。佐原のときには、950人ぐらい集まりました。東金のときには、部屋に入り切れなくて隣の部屋にまであふれて皆さん参加する。当事者がやっと声を上げるようになった。聴覚障害の方が手を挙げられるので司会者が指しますね。目の見えない方が手を挙げるだけで声は出ないわけです。手話通訳の人が大急ぎで飛んでいくと、こういう感じで手話で発言して手話通訳の方がその人の言いたいことを全部言ってくれる。またほかの人が手を挙げて、指すとまた声が出ない。今まで一番発言しなかった人たちが発言し始めた。それからまた精神障害の方などは、むしろ自分が精神障害だということを隠していた人たちが手を挙げて発言するようにもなったんですね。そうして発言してもらうと、私など想像もしなかったような不便さがあるのね。特に千葉県の場合は聴覚障害の方たちにとっては非常に情報提供のサービスがおくれているということで、もっと情報提供してくださいというのがありました。ですから、そういうことも当事者から聞けば、ああそうか、情報提供がないのかと思うけれども、日常的な生活の中で私たちはそのこ

《対談》VS堂本暁子 千葉県知事

とを知ることができないんですね。

たまたま今障害者を例に申し上げたけれども、農家の人には農家の人なりの、お店をやっている人はお店なりの、あるいはお母さんたちには保育園に対してとか、どこへ子育ての相談に行ったらいいかとか、いろんな一人ひとりの事情があると思うんですね。一番大事なことは、それが言えるような場ができること。それからもう一つはきちっと情報公開をしていくということで、情報が公開されていればそれに対してみんなここのところはこう直してほしいということが言えるし、それから双方向であるということもとても大事だというふうに思っています。

そういうことで言うと、地域福祉支援計画にはどういう視点で参加を求めるか、どういう形で考えてほしいのかというキーワードが5項目あるのですけれども、その中の一つに、理不尽な理由で辛く悲しい思いをしている人はいないか、というものがあります。これは行政の方からそういう視点というのはあまり出てこないんだけれども、そういう投げかけがあると、ものがとっても言いやすくなると思うんですね。

福嶋さんのところでNPOや何かがすごく活発に活動して、そして福祉関係のこともまさにプラザをつくりながらいろいろやっていらっしゃるでしょう。そういう場合でも、みんなどんどん話すようになりましたか。

福嶋 市町村のレベルですと、そういう行政に対して発言する機会というのは比較的多いと思うんですね、県に言うよりは。ただ、なかなか市町村レベルで解決されないから、その思いが県で何とかしてほしいとい

第1章　手賀沼と団塊の世代―我孫子の市民活動―

うことで、知事がミーティングを開かれると、どっと人が県へ期待してそこに集まってこられるんだろうと思うんですけれども。

堂本　でも実際は市町村なんですよね、権限が。

福嶋　権限も財源も市町村にもってくることが必要です。それと、市のレベルではしょっちゅういろんな人が発言をしているようですけれども、知事さん言われたように、本当にみんなが発言できる場が確保されているかというと、案外発言したくても発言できない人とか、とても発言しようという気持ちにならなくて黙ったままの人がたしかにいると思います。そういうところにきちっと目を向けていく、そういう人たちが発言できる環境をつくっていくというのはすごく大切だと思いますね。

また、参加というのは知事が今言われたように発言するところから始まるわけで、みんなが発言するのが第一歩だと思いますけれども、最初の発言というのはやっぱり要望から始まるんですよね。こういう大変な思いをしていて大変な問題を抱えていて、県で何とかしてもらえないか、市で何とかしてもらえないかとい

う要望です。その次に、じゃあどうすればそれが解決できるのか、というのを一緒に考えてもらう。もう一つ進めば、その解決するための行動を一緒にやってもらう、ということだと思うんですよね。その辺は市町村の仕事の部分がすごく多いと思いますが、市町村が住民と一緒にやる部分が多いと思いますが、この段階にどうやって進んでいくのかということが重要だと思うんですよね。

堂本　そこが大事ね。地域福祉支援計画のタウンミーティングも、県が企画・運営していると思われがちなんです。でも一切県はしていない。その地域地域で実行委員会ができて、その方たちが全部、例えばカンパを集めてそのお金で会場を借り、そしていろいろチラシをつくったり、受付とか設営とか、だれが話すかというようなことを決めるのも全部地元でやっていて、私たちはお客様みたいにそこへ招かれていくんです。そして主体的にタウンミーティングをやる間にお互いに知り合う。目の見えない方と車いすに乗っている人とか、そういう人はふだんは交流ないでしょう。それがお互いに接して、ああ自分はこんなに大変だと思っ

ていたけれども、目の見えないということはこんなに大変なことがあるんだということに気がついたり、自分は目が見えなくてもどうやって社会貢献をしようかという発想があったり、自分が生きること、それから働く権利もあるんだからどうやって仕事しようか、税金をどうやって納めようかというところまで考えるほど積極性が出てきたときに、私は市民の側から変わっていくんだと思うんですね。主体的に作り上げていく中で、もう盛り上がらんばかりの胎動みたいなものがあり、それが地殻変化を起こし、地震を起こしたときに、やっと自分たちがつくり上げた一つの政策を実現するということになっていくんだと思うんですね。

そうした取り組みを単に障害者の方だけじゃなくて、農業の関係のこととか、それから森をつくることとか、いろんなところで行っている。できるだけスリムで小さな政府を目指し、行政はコーディネーター役として本当に必要な行政サービスを行っていく、日本全体がそういう方向に少しでも変わってくると随分と世の中が違ってくるんじゃないかと思いますね。

——なるほど。今のお話の中で地方の役割、地域を含め

た住民の参加の中で、地方自立につながるようなお話を多岐にわたっていただきました。

このような話を受け、我孫子市の試みは、今の分権の概念的なところと、それから非常に具体的なその姿勢の話とがあると思います。つづいて我孫子市の試みという形でお話を交わしていただければいかがかと思っております。

福嶋 我孫子市の試み、一つはやはり市の行政の中のあらゆる分野に市民に参画してもらうことです。例えば、市の出す補助金のすべてを市民の委員会で審査してもらっている。3年ごとに全部白紙に戻して審査してもらう、という仕組みをつくったりしています。また、職員採用でも試験委員会に必ず民間から一人参加をしてもらっているんですね。今までの常識だと聖域のようなところにも、そういうところにこそ市民に参加をしてもらっているんです。もちろん計画づくりも、当然一番参加をしてもらっているところですが。それだけに限らず、全分野に参加してもらうことによって行政の市民感覚も高まるし透明性も高まるだろうと思うんですよね。

それと、先ほどNPOのお話出ましたけれども、市民がみずから自分たちで地域の問題を解決してもらう、そういうサポートを市で行っていきます。特に今、子育てにしても介護にしても環境の問題にしても、農産物の地産地消にしても、そういう地域の課題に対してコミュニティビジネスを地域の人たちが立ち上げてサービスの提供をやる、物の提供をやっていくという

ことを進めようとしています。いろいろな起業家講座を開いたり、さらに今事業の立ち上げのときに2、3年間の期間を区切って安く事務所を提供できるようなSOHOを相談事業とセットでつくりたいと思っているんです。市民の自立した動きをとにかく行政としては一生懸命応援しようとしているんです。

堂本 私、我孫子でとってもおもしろいと思ったのは、農村の方たちが一緒になって、そこへまちの人たちも行ってつくったりしていますよね。なの花プロジェクトとか、そういう何ていうんですか、コミュニティビジネス、あるいはNPO活動、そういったものも結構コーディネートを市がやっているんじゃないですか。

福嶋 そうですね、いろいろな形で。例えばこれはコミュニティビジネスという言葉ができるずっと前からのコミュニティビジネスだと言えますが、NPO法人「せっけんの街」があります。最初は株式会社から出発しましたけれども、廃食油を集めて石けんにしようということで、9,000人を超える市民が出資して「手賀沼せっけん工場」を作りました。一方、我孫子市は、資源回収で市内の全家庭から廃食油を市で回収している

んですね、市内に1,700ぐらいあるステーションで、その廃食油を渡して、手賀沼せっけんを生産してもらって、それをまた市で利用する。学校給食の洗剤は全部手賀沼せっけんを使っています。手賀沼の浄化と資源のリサイクルをめざして、そういうシステムができ上がっています。

単に補助金を出すとか単に事業を委託するというだけじゃなくて、地域のいろいろなお互いの活動の中で連携していく、それによって地域をつくっていくということが大切かなと思うんです。

堂本 そういう意味では、循環型、我孫子の中でいろいろ循環するという、循環型の活動というんですか、市民の。それがおもしろいと思うんです。石けんをつくってそれをまた学校の給食に使うというような、いろんな形でそういう一つのまちの中でいろんなことが回っていくという、循環型の活動が重要だと思います。例えばエコマネーやコミュニティーのお金なんていうのがあります。スイスなんて国のレベルでもWIRという通貨をつくって、それだとよその国に出ていかないわけね。必ずスイス国内でそれを循環させなければならないという、そういうことを相当大きい規模でやっているんですけれども、WIRは一つの道具にしか過ぎませんが、やはり循環をしていくことによって地域全体が活性化していくという、そこがとてもおもしろいと思うんですね。

福嶋 手賀沼せっけんはもう長くやっている活動ですけれども、今、市のコミュニティービジネスの連続講座を受けた人の中で新たな事業を立ち上げようという

第1章　手賀沼と団塊の世代―我孫子の市民活動―

幾つかのグループがあります。例えば、我孫子市は東京都内への通勤者が多いですが、電車で帰ってきて終バスが行ってしまった深夜の時間帯はタクシーしかないわけですよね。それをコミュニティビジネスで小型のバスを走らせて終バスの後のバス輸送をやろうという。タクシー会社との共存とか幾つか課題をクリアしないといけないんですが、バスをどのぐらいのコストで借りられるとか、いろんな具体的な検討をしています。知事さんがいつも言われている地元農産物の流通でコミュニティービジネスをやろうという人たちも、すごい夢を持っていろんな計画をつくり始めているんです。

堂本　話がちょっと大きくなりますけれども、冷戦構造のときは、クレムリンでボタンを押すのかホワイトハウスでボタンを押すのかといって核のバランスが一番世界を支配していた。ベルリンの壁が壊れてからというものは、そういったところからとにかく開放されて、世界的に市民の方に目が向いてきた。世界の流れの中では、20世紀から21世紀へと世紀が変わる、本当に不思議だけれどもそこにまるで何か仕掛けがあった

かのように、国家から市民へと価値観が大きく変わってきた。20世紀は国家主権が中心で、例えば日本の場合だったら高度経済成長というのも中央の官僚制度がコントロールしながら非常に大きく伸びた。世界に類を見ないほどの成長をなした。21世紀に入ったとたんにそういった主権というか国家主権ということがなくなったわけではない。しかし、そういう次元から一人ひとりの、しかも一番弱い立場の赤ちゃんだとか、おじいさん、おばあさんだとか、そういった人たちまでがその人らしく生きられるのにはどういうからくりの世の中をつくったらいいのかというふうに、ずうっと価値観がシフトしてきたと思うんですね。パラダイムシフトなどという価値の転換という言い方をしていますけれども、それこそが我孫子でまさに今やっていらっしゃることなんだろうと思うんですね。大きい、そして巨大なパワー、力という段階から、そうじゃなくて本当に我孫子市民一人ひとり全部がその人の自分らしさを大事にしながら、だけど自分の責任を果たしながら暮らせる、そんな市づくりを福嶋市長さんはやっているように見えますけど。

福嶋 そうですよね。今知事さんに言っていただいたような、ほんとに新しい社会の仕組みというものを地域からつくっていきたい。持続的成長が可能で環境とも共存して。今日、景気回復というのがそれは共通した課題になっていますけれども、単に生産を増やせばいい、消費を増やせばいいということでは決してないだろうと思うんですよね。私たちが本当に必要としている物やサービスは何なのか、もう一回地域から考え、そこから生活者の視点で新しい仕組みをつくっていく必要があるのではないでしょうか。そういう意味では、今かえってこういう時代というのはチャンスなのかなと思いますね。

ただ、地域で考えていくときに、やっぱり分権というのはまだまだであって。

堂本 進んでいませんね。

福嶋 財源の問題もあるし権限の問題もある。財源より権限よりも一番大切なのは自立の精神、自立していくんだという決意だ、と普段は言っているんですが。それにしても権限と財源は必要です。

確かに、すぐに一律に分権していく、権限を任せていくというのは難しいのかもしれません。だから、県と市町村の間でも、権限を欲しいという市町村には権限を渡していく、そうじゃないところは県が責任を持つというような、ある程度でこぼこの分権でもいいのかなと。

堂本 いいんじゃないですかね。ほんとにそう。だから、今21世紀臨調でお互いに県のレベルそれから市町村のレベルでどうやって国の国庫補助を一般財源化するかということに取り組んでいますけれども、これも何もいきなり全部とかそういうことじゃなくても、このの部分が一般財源化されることによって大変行政的にサービスが難しいことが、もっとよくできる、地域に合った形でできるということが幾つもあると思うんですね。特に福祉の領域などは対象者別に細かく決まっているから、これには使っていいけれども、ほんとにそれに似たことでも使ってはいけないとか、一緒にして使えないとか、そういう不便というのは多分市町村の場合は随分感じておられるんだけれども、そういったことが一般財源化されることによって、もっと効率的に使える。そして一番その地域で今必要な

ものにその財源を使っていけるというようなことで、やっぱり私たちはもう少し国の権限だけではなくて国庫補助金とかそれから直轄事業の地域、地方分担とか、そういったものについて積極的に分権を進める、少なくとも分権型社会の構築に邪魔にならない、そういった制度とか、権限の移譲とか、税財源の移譲とかをやらないと、真の分権は実現しないかもしれませんね。

福嶋 県と国の関係だとある程度各県とも一定レベルなのかもしれませんが、市町村と県の関係だとやっぱり市町村によっていろいろ違いありますよね。財政の問題にしても、力量の問題と言ったら怒られるかもしれませんが。

だから、こういう権限を欲しいという市であればその市にはその権限を渡すとか、そういう意味でのでこぼこがあってもいいと思うんですけれどもね。

堂本 その権限は欲しくないとかいう市だってないとは限らないですよね。

福嶋 そういうところは県が一律にやってもしかたがない。

この間ちょっとお話した介護保険の事業者の認定も、市でやらせてほしいという市には移譲しますよと。そうじゃないところは県がやりましょうというような。

堂本 これからどんどんそういうことでフレキシブルに柔軟に県と市の関係も持っていきたいし、それから国との関係も本当はそういうふうにできれば理想的ですね。やっぱりそうすることによって地域が活性化する。そして一人ひとりの市民が元気になるまちづくり、地域づくりができるんでしょうね。

本対談は2003年11月11日に実施されたものです。

対談 『我孫子市民とこれからのNPOの行方』

ディヘルプ代表 **森谷良三** × 我孫子市長 **福嶋浩彦**

——多方面に活躍されていらっしゃいます森谷さんです。我孫子市は、NPO活動がいろんな意味で盛んですが、それは市の政策の中にも盛り込まれているという部分があるかと思います。森谷さんが実際NPO活動に入られたきっかけといいますか、その辺のお話からいただけますでしょうか。

森谷 男が定年になった後、自分の生き方をどう探すのかということを考え、私もその面では随分苦労をしたわけですよ。というのは、一応やめるまでの職場の経験からプライドを持っていますから、気持ちが切りかわらないうちは何でもいいやというわけにはいかないんですよ。

やはり地域に戻った高齢者の人たちが、地域のために何かやろうとするのだけれども、その時点では地域はなかなか受け入れてくれないんですよ。特に、私が入り始めた当初には、ボランティア団体というのはほとんど女性の方だったから、入るといっても仲よくなるぐらい。

福嶋 女性の中になぐり込みをかけるとか。

森谷 そうもいかないんですよ。

第1章　手賀沼と団塊の世代―我孫子の市民活動―

というのは、市役所の学習会なんかあるでしょう。すると、隣にいる女性が、だめだおじさん、そんなことをやっていてはなんて言われると、何だこれはと思って、じゃあしたからやめたなんて言ってやめてしまうわけですよ。

それでも今は、市長さんが地域の高齢者の動向調査なんかやったりして、高齢者の対策というものが進んでいるから、割方、高齢男性のボランティア団体がここ一、二年多くなったことは事実ですよね。私が入ったころは何もなかったんですから。

福嶋　本当に森谷さんが先駆けですよね。

森谷　そうなんです。

――なるほど。福嶋市長の政策の中で、男性の高齢者、しかも男性のボランティア団体が増えてきたという話でしたが、その辺具体的に市長からいろいろお話しいただきたいのですが。

福嶋　そうですね、毎年、男性で60歳になる方が市内で1,000人ぐらいおられるんですよね。みんなサラリーマンではないでしょうけれども、女性の会社員の方も当然いるわけですから、極めて大ざっぱに言って

38

《対談》VS森谷良三ディヘルプ代表

大体1,000人の人が定年退職を迎えていると言っていいと思うんですね。そういう人たちは本当にいろんな経験や力を持った方々ですから、この皆さんに地域でまちづくりをリードしてもらうと、すごい力になってくるんですね。

最近は、男性がそういう地域の活動の中で活躍する姿が随分目立つようになりましたよね。いろんな集まりをやると、森谷さんがさっき言われましたけれども、少し前までほとんど女性だったのが、今は半分ぐらいは男性というようなシンポジウムや会合もあるようになってきました。着実に増えているんですけれども、やっぱり男性が地域に、私は〝軟着陸〟するって言っているんですが、地域の中に入っていくには、すごく本人の努力も必要だし、いろんなカルチャーショックを乗り越えて、意識の上でもう一回脱皮していかないといけないように思うんですよね。

森谷さんが前に話されていましたが、DIY（Do It Yourself）ヘルプはマスコミに取り上げられることが多くて、例えばテレビで紹介されると、私もやりたいという人が来るけれども、経理をやりたいとか、事務や管理の仕事をやってあげるという人ばっかりということでしたよね。その辺の話を聞かせていただくと、男性の問題点と、軟着陸していく上での課題がわかるんじゃないかと思うんですが。

森谷　私がDIYヘルプというボランティア団体（後のNPO法人ディヘルプ）を始めたとき、市役所から支持されたんですよ。それで、あのころは高齢者の住宅改修というのが厚生省の方針だったもので、それで市役所の厚生課も、協力してあげるよということで、会員募集を広報に出してもらったことがある。日曜大工の好きな方、参加してみませんかとかね。そうしたら、うんと集まったんですよ。30人ぐらい集まったかな。それで、集まった中で、実は私たちボランティアでこういうのを始めるんですよと説明するわけです。広報へ出ていたから市役所がやるのと思った、それじゃおれはやめたよということになったんです。

そういうふうに、組織の中で育ってきた人たちは、退職をしてもやっぱり組織の中でこそ生きがいを見つけようとしているのかな。市役所が何か関連しているものならば参加をするけれども、個人が始める、こ

第1章　手賀沼と団塊の世代―我孫子の市民活動―

いうものについては、あんなやつの下にいて仕事をするのは嫌だよと、こういう考え方がある。だから、30人ぐらい集まったのに、実際残ったのは5人ぐらいだった。

福嶋　ほとんどの人が管理職を経験している人たちなのですよね。自分が上というか、管理する側ならいいけれども、一会員として活動するなんて抵抗があるということでしょうか。

森谷　そうですね。ですから、その当時の女の人のボランティア団体が非常にうまいことを言いましたよ。男の人が入ってきたら、何か役職を与えるんですと。そうすると喜んでやってくれるっていうことでね。なるほどなと思ったね。

それともう一つは、男のボランティアというのはやっぱり初めは居場所というのかな、自分の居場所が見つかったよと言って参加をするんですが、1年か2年たつと、30年間労働の対価でお金をもらってきているから、1日朝から晩まで働いたって車賃の300円ぐらいもらって、こんなのはばかばかしいや、家で寝ていた方がいいやなんて、離れていく人が多いですね。

結果的には、女の人というのは割方そういう面を割り切って、地域のためとかいうボランティアで来るんだけれども、男のボランティアというのは、お金が伴わないとだんだん嫌になってしまうのね。それが私なんかNPOに転換した大きな原因ではあるんですよ。

福嶋　やっぱり最初の段階で、森谷さんのような強烈なリーダーの存在があったからまとまったんだと思うんですよね。そうじゃないと、役職ばっかり多くて機能しないようですね。森谷さんのもとならしようがないかって思わせるような強烈な個性とリーダーシップがあった。あの時代はそういう人がいないとなかなか始まらなかったのかなと思いますね。今でこそ割とみんなで相談しながら運営している団体もありますけど。

森谷　だから、1年ぐらいたつとぐずぐず言うわけでしょう。そうすると、私なんかもよくそれならやめてくれと言うんですよ。おれは織田信長と同じなんだから、天下統一するまでは、気に入らなければどんどん首を切っていくんだからなと言って。

福嶋　いや、そういうの必要だったと思いますね。

《対談》VS森谷良三ディヘルプ代表

——それで、今、男性が中心となった、我孫子市の中でいい形で進んでいるNPOというのは幾つぐらいあるのですか。

森谷　私から見た本当に地域活動のためにやっていくんだよという団体というのは、2か3つくらいだと思います。人に教えるとか、会議をつくるとか、そういうNPOはあるんですよ。しかし、それじゃ率先して地域のために力を出して何かをやっていこうということにはなかなかならないのです。

福嶋　本当に汗にまみれてというと、森谷さんのところと、あと2つか3つ？

森谷　今、男の人たちでパソコンの修理をやるとか、電気系統の電気器具の故障のときに修理に行くとか、そういうようなものがぼちぼち出始めましたよ。それから輸送サービスなんかをやっていますよ。

福嶋　NPOで障害者の移送サービスですね。

森谷　ええ。そういうのは地域に密着した活動かなと思っています。

福嶋　ふれあい塾の皆さんも今、実践の方に行こうという問題意識を持って取り組み始められましたよね。

森谷　そうですね。だから、男の井戸端会議とかふれあい塾というのは、やっぱり自分たちの目標がわからない男の人たちが多いわけで、そうするとその人たちが集まって、じゃこれは今の社会情勢はこうで、我々はこういう生き方もあるんだよということを、お互いが知恵を出し合ってみつけていくというかな。

——すると、今のお話のNPOで一体何人ぐらいの男性が稼動していらっしゃるんですか。

第1章　手賀沼と団塊の世代―我孫子の市民活動―

森谷　井戸端会議だったら30人ぐらいいるんでしょう。私なんかも居場所を探すときは、よく市がやっている講座なんかも行くんだけれども、植木の講座なんかやると本当に来るんですよね。ああいうものを3カ月6カ月やった後で、その中でこういうものを習った技術や知識を活用していこうというところまで誘導していかなければいけないのかなと思います。
一つは、友達づくりという意味では効果があるんですよ。しかし、それを活用していってもらいたいなという気がするんですよ。お年寄りの家の庭なんかが伸びているでしょう。そうしたら、市がお金なんか出さなくたって、近所の人が、そこへ行って刈ってやればいいんですよ。そういうのを誘導してやらなければいけない。

福嶋　庭の手入れ、植木の剪定の分野でのDIYヘルプですよね。

森谷　そうそう。

福嶋　今ちょっと、一般家庭ではないんですが、アビスタの植栽とか外構の手入れを、そういう講座を終了した人たちの力でできないかというようなことを考え

ています。

森谷　そうですね。私はこの植木講座も行ったけれども、あれから8年もたってちっとも進まない。

福嶋　そうですか。やっぱりだれか市民の人に中心になっていただかないと。

森谷　そうですね。誰かいないとやっぱりできないのかもしれない。

福嶋　ええ。市が言っているだけでは進まないですね。市としては、やっぱり第2、第3の森谷さんを探すということだと思いますね。

――なるほど。その第2、第3の森谷さんというお話が市長から出たところなんですけれども、我孫子市の行政サイドから見たNPOの意義といいますか、どんなふうにすべきだという何かご意見というのは何かございますか。

福嶋　やっぱり我孫子市は基本的に住宅都市ですから、主な収入は個人市民税に頼っているわけですよね。ところが、一番市税を納めていただいていた団塊の世代、50代の人たちがこれからリタイアしていく。そうすると、当然税収も減っていくわけですが、じゃ全然先が

《対談》VS森谷良三ディヘルプ代表

未来が見えないのかというと、そうではない、希望をもてないのかというと、そうではない。払ってもらえる税は減るのかもしれないけれども、逆に人材としてはものすごい人材が我孫子に戻ってくるわけです。今まで我孫子以外のところで日本の第一線や世界の第一線で活躍していて、我孫子は寝に帰るだけだった人たちが、今度は我孫子の地域を中心に活躍してもらえるようになるわけですから、本当にまちづくりの中心になって活躍してもらう、そういうことを期待するわけですよ。また、そういう仕組みづくりを行政としてもやりたいと思っているわけなんですよ。

――なるほど。今の話を受けられまして、それでは森谷さんにちょっと話を移しますけれども、こんなふうに市の方からもいろいろ期待される部分がありながら、NPOサイドから見た我孫子市の施策であるとか、そういった部分をお話しいただければ。

森谷 私、わりかた最近方々へ行っていて、いろんなことを見てくるんですが、一つの市でボランティアが400近くもあるというまちはほとんどないんですよ。それで、やはりそれは我孫子は市民活動がやりやすい

まちだということはわかるんですよ。やりやすいまちということは、やっぱり行政の方の指導とか誘導がいいんだなというふうに私は思いますね。

ただ、もう20年も25年もやっているボランティア団体が我孫子の中にあるんです。そういう人たちが本当にもう少し目覚めてNPO法人になって、一つの仕事だけではなくて、やはりNPO法人を土台にして事業を拡大していったり、人材を集めたり、というような方向に進んでいってもらえればいいなと思っているんです。

だから、もう少し市の方も、NPO法人のあり方というものをPRしてもらいたいなと。これはNPO法人である私たち自体の責任でもあるんだけれども、もっと行政が誘導していってもらいたいなと。

福嶋 NPO法人のメリットというか、法人になったらまた新たな展開がありますよと、もっと市民団体にPRするということですね。

方ありませんけれども、余り客観的に分析だけしていても仕方ないと思うんですが、ずっとやっていた団体は運営に自信もあるし、実績もありますから、NPO法人に

第1章　手賀沼と団塊の世代―我孫子の市民活動―

なって何が得なのか、メリットがあるのか、あるいはNPO法人を取って新たに何ができるのかというのが具体的に見えないと、なかなか事務的に文書をいっぱいつくって苦労してNPO法人になって、下手すると課税されるというようなことを、あえて選択しないのではないでしょうか。

新しく活動をする人たちは、NPO法人格を取ることによって、社会的に認知されるから活動しやすい。新しく始めるときに、認知される一番手っ取り早い方法は法人を取ることだということで、取りますよね。そういう傾向というのは、どうしてもあるように思いますよね。

森谷　今度ディヘルプを千葉県下をエリアにしようと思うんですけれども。

なぜかというと、千葉県下で住宅改修やら何か非常にトラブルが起こっているんですよ。そういう場面に、本当に市民活動の中でもって住宅改修が行われていれば、そういうトラブルも起こらないし、市民も喜んで依頼してくるんだろうと、こういうふうに思って県に申請書を打ってきたんだ。

福嶋　県の提案事業としてですか。

森谷　そうです。

福嶋　県の役割というのはそういう広域的なものを育てていくというところだと思うんですよね。市の中だけで活動しているNPOを支援するのは、市に任せればいいでしょうと。県が別に助成なんかしなくたっていいでしょうと。もっと広域でやるものを誘導していく、助成をしていくというところに、県の役割はある

《対談》VS森谷良三ディヘルプ代表

と思うんですよね。

森谷 私なんかはNPO法人になるときに大分苦労したものですから、要するにボランティアのときは300円しかもらっていないわけですよ。300円ではガソリン代も何も出ないわけですから。それで、市の方から大分援助をいただいてやってはきたんですが、やはり幾ら市民活動であろうとも自立をしてやる努力をしなければいけないなと、こういうふうな目覚めがあって、3年前に実は1年間勉強した。市長さんのところにもきっと来たと思うんだけれども、勉強会をつくって、それで勉強をしたんですよ。アメリカのNPO法人のあり方というのは、やっぱり市民がそのNPO法人を支持し、一人ひとりが参加をして、それでもって市民のためにNPO法人をつくり上げていくんです。だから我々も、それじゃそういうようなNPO法人ができるならば努力してみようということで、やったんだけれども、実を言うとうまいぐあいに余り進まないんだけれども。

福嶋 いやいや、ほかの団体からみればそんなことは全然ないですけれども、森谷さんはもっと高いところに目標を置かれているようで。

森谷 いや、アメリカのようなNPO法人ができ上がれば本当にいいなと、思って法人申請したんですが。地方行政なんかも大分警戒心があるんですよ。あいつはオンブズマンの前兆だろうなんて言われるのです。そういうような考え方が地方の行政の中にあるうちは、NPOというのは大きくなっていかない。

福嶋 今、森谷さんが言われたようなことを本当に実現していくためには、行政が支援をするのはもちろん、民間企業なり、あるいは個人が、民間の中でNPOにお金を出したり支援をしたりする、そういう環境をこれからつくらないといけないですよね。

森谷 NPOに企業が献金をしたり、寄附をしたら税金の対象になるでしょう。これがあるうちはだめですよ。だけれども、本当に小さいNPOにも目標を大きいものに持っている団体も多いんですよ。

福嶋 市としては、同じ支援をするのでも、ただ援助をするという話ではなくて、自立に向けてその団体が取り組んでいけるような支援をしようということを、最近はすごく意識し始めてはいるんです。

第1章　手賀沼と団塊の世代―我孫子の市民活動―

市が補助金を出す場合、市がその活動を評価しているあかしとして出しているんだ。NPOの側からすると、市が評価してくれるあかしとして補助金をもらっているという意識が、やっぱり長い間の中で定着してきましたよね。ですから、補助金を打ち切ると、その活動を市が評価しなくなったんだというふうにとられます。

しかし、そうではありませんと、今、一生懸命言っているんですよね。本当に力のある団体には、自立にはまだいないんで、むしろ補助金を出すのは、自立にはまだいないんで、むしろ補助金を出すのは、自立にはまだいないんで、むしろ補助金を出すのは、自立にはまだいないんで、むしろ補助金を出すのは、自立にはまだいないんで、むしろ補助金を出すのは、自立にはまだいます力がないって評価した団体です。やっていることはすごくいいんだけれども、ちょっと力が落ちるねというところに補助金を出しているんです。そういう認識をお互いに持つ必要があると思うんですね。

ディヘルプは、現実に独立した団体ですよね。森谷さんが中心になってシニアピアカウンセリングの事業も別に始まっているとお聞きしました。住宅改修をやられている中で、高齢者の話し相手のボランティアの大切さというのをずっとされていて、その話し相手のボランティアの大切さというのを

森谷　そういうことです。やはり高齢者の方というのは孤独ですよ。それで不安なんですよ。だから、今の介護保険が始まって、体の方の介護、これは介護保険でできるんだけれども、心のケアというのは介護保険じゃできない、むしろ悪くなっているんですよ。ヘルパーさんなんかは、今までは時間で制約されないもんで、仕事をした後、いろいろな話をしていたわけですよ。今度はほら、もうスケジュールが決まってしまっているから、何時間とか決まって、1時間たつとヘルパーさんが1、900幾らか追加になる。それじゃとてもお年寄りは1、900幾らも出せないよということで、時間でみんな帰ってしまうでしょう。すると、1週間に人が訪ねてくるのは2時間だけですよと言われるんですよ。

人と会って話をするのは1週間に2時間しかないんですよ、それはヘルパーさんが来る2時間ですと言うんです。それじゃ、そういう人たちの話し相手のボランティアをつくろうと、こういうことでもって、この間、有志だけでヒマワリいう会をつくったんです。

46

《対談》VS森谷良三ディヘルプ代表

ただ、これ難しいんですよね。こんにちはと言っても入れてくれないんですから。

福嶋　やはり住宅改修で行って、そこで話をするからスムーズだったんですね。いきなり話し相手に来ましたと言われると、何者だって思うのもあるし。

森谷　そうですね。だから、そういう面で私たちが行く場所を、手すりを取りつけた家へ一緒に行って、手すりの状況はどうですかと聞いて、そのとき一緒に行ってもらって、それで後続けていこうということ。

福嶋　今までは手すりの工事をして、終わってからまた話を聞いていたけど、それじゃちょっと体がもたないというのもあって、手すりをつけているときにそういうカウンセリング、話し相手の人が一緒に行ってということですよね。それはすごくうまい仕組みだなと思います。

——ああ、なるほど、ディヘルプの活動にヒマワリがのってチームを組むんでやると。

福嶋　それは、NPO同士の連携でもありますね。

森谷　ええ、そうですよね。

福嶋　それと、移送サービスのビークルもそうだと思

うんですが、このシニアピアカウンセリングは、男性と女性が一緒に立ち上げたものですよね。今までディヘルプにしても、ふれあい塾にしても、男の井戸端会議にしても、男性が自分たちのところに入っていくより、男性だけで女性ばかりの地域で頑張ろうよという感じでしたよね。今ようやく男性と女性が一緒になって新しく始めようよというのが出てきたなという気がするんですけれども。

森谷　やっぱり柔軟な方針が出るんですよね。男だけというと、ちょっとかたいですよね。というのは、実は全国からディヘルプをつくりたいと来るんですよ。うちへ訪ねてくる。だけれども、実際に立ち上がった例というのは一回も報告ないですよ。秋田から、広島からも訪ねてきて、どういうノウハウで、教えてくださいと。全部資料を買っておったけれども、おかげさまで立ち上がったという話は聞いたことない。名古屋だけだったら……。

福嶋　どこでもニーズは物すごくあるはずですが。でも、うまくいかない、まねできない……。

森谷　結果的には、男だけで立ち上げようというんで

――立ち上がった気力をそがれる感じがしますよね。

森谷 そうなんですよね。

福嶋 ちょっと頭で余り知らずに勝手なことは言えませんが、やっぱり頭でがちがちに考えて、形だけはつくるけれども、中身が実際には動かないというようなことだと思うんですよね。

森谷 そう、男は形つくらないと。

福嶋 形をつくったところで疲れてしまって。

森谷 そう。そうするとだんだん離反していってしまうんですよね。

福嶋 話を聞いてみると、私が会社にいたときは、そういう会議の仕方をしなかったとか、規則というものはそういう書き方じゃないんだとかって、そういうところから始まるから。

森谷 出身の会社のやり方が一番いいって、皆さんそれぞれ思っている傾向がありますよね。

森谷 そうすると、そういう会社にいて会議に出ないクラスの人たちがいるでしょう。そういう人たちはちょっとおもしろくも何ともないんですけれども、こうなると。

福嶋 考えられませんね、ディヘルプの実績からすると。

しょう。そうすると、まず一番先に規約を問題にするわけです。というのは、事故のときにはだれが責任を負うとか、行政はどこまで援助してくれるとか、そういうところは議論していって。それで、次に役員、そうするとここでまたもめてしまうらしいです。本当、おれはあんなやつのあれじゃあ、となって立ち上がらないんですよ。

実は、柏が六カ月ぐらいうちへ手伝いに来ていたかな。それでNPO法人の申請を出したんだけれども、仕事が一つもないというんですよ。二、三日前に電話があって、まだ仕事が一つもないんですよと。そういうのは、それこそ行政との協働というものを側面から、要するに介護保険の指定業者にでも何でもしてもらって、そうすればあとの指定業者の、お年寄りの指名はその表の中から指名してもらえばいいんだから、そういう指定業者ぐらいにはしてもらいなさいと、こういうふうに言ったんだけれども、もう立ち上がって2カ月たつけれども仕事が一つもないというから。

福嶋 とね。

《対談》VS森谷良三ディヘルプ代表

——そこをいわゆる組織の中の協働、字は違うんでしょうけれども、その部分と、我孫子市の市長の方で提唱をされている協働という言葉、これは先ほどの実例、仕事がもらえないという話、ちょっと3つのキーワードに分けられると思うんですけれども、その協働と自立という部分で、NPOの可能性とか、市長の思われることがあれば、お話をいただければと思うんですが。

福嶋 私は、行政とNPO、行政と市民との協働の一番基本的な形というときに、いつもディヘルプさんとの関係を例に出させてもらっているんです。市で補助したときもありましたけれども、今は市からディヘルプへの補助というのはないんです。だから、ディヘルプさんは本当に自分たちの力で、自分たちの住宅改修を中心とした活動をされている。行政が直接何かかかわりを持っているわけでは全然ないわけですよね。一方、行政がやっているのは、障害者や高齢者の人たちが住宅を直したときにその住宅改修費の一部を援助しますよ、助成しますよという制度を運用している。介護保険の中でもありますし、介護保険以外でも50％、限度額は50万円でしたね。改修費用の2分の1を補助します、という制度を運用しているんです。これはディヘルプさんに補助するんじゃなくて、障害者や高齢者の方に市は補助をしているわけですよね。そういう制度は市の責任で運用している。ディヘルプさんはディヘルプさんで、やはり高齢者や障害者の方たちへの住宅改修のサービスを自分の活動として自分の責任でやっている。行政もディヘルプもそれぞれ自分の責任で自分の仕事や活動をやっている。別々にやっているんだけれども、ただ反対の方向を向いているのではなくて、高齢者や障害者の人たちが自宅で安心して生活できる環境をつくろうという、同じ目標に向けて連携しています。そういうことが一番、NPOと行政の協働ということの基本ではないかなと思っているんです。

行政とNPOの協働というと、何か行政がどれだけ補助するのかとか、行政から委託するかとか、そういうことだけで論じるケースが多いですけれども、そうではないよと言いたいんです。本当に市民が自分自身で自分たちの生活を支えていく、改善していく。そういう活動と市は連携をします、ということだと思うんですね。

第1章　手賀沼と団塊の世代―我孫子の市民活動―

──なるほど。その辺が先ほどのほかの自治体からも視察に見えて、なかなかそういう形までいかなかった、もうそこの段階を飛び越えれば行くんではないかというような、そういう一つの垣根じゃないんかと思うんですよね。

森谷　そうですよね。

──伺いながら思っているんだけれども。今言う協働というキーワードの中に、福嶋市長のお話もあったんですが、実際に活動をされている森谷さんから、今の言葉に対する思いといいますか、ディヘルプの活動の中で市の体制へのお言葉のようなものをおっしゃっていただけますでしょうか。

森谷　確かに、私も協働というものを地域社会、あるいは国民全部がうまく理解していないと思うんですよ。協働というのは何か行政がやっぱり金なり物なり、こういうものを出して、市民というのは力だけ出していくんだと、これが協働だというような考え方が実をいうとどこへ行ってもあるんですよ。そうしますと、やっぱりいつまでたってもおんぶに抱っこ、行政は市民団体への支援活動になってしまう。そうじゃなくて、市民活動というのは市民のために市民がやるんだよと、それを行政というのは見守ってもらいたいなと。一つは勝手にやっているんだということではなくて、見守ってもらいたいと。だから、あるときにはそれは資金の援助も、立ち上げるときにはゼロから始まるんですから、1年2年はあってもらってもいいと思うんです。あるいはそういうような市民団体が集まって、お互いに情報交換をしたり、勉強したり、そういう場所の提供は行政がやってもらっていい。

《対談》VS森谷良三ディヘルプ代表

森谷　それをやっぱり行政の方も今度は、今までのものの考え方を脱皮して、それで市民も行政も一緒になって、じゃ自分たちの住むまちをどのようにしてよくしていこうかなという知恵を出し合ってもらいたいと思う。金を出すばかりじゃなくていいんですよ。知恵を出し合って、あるときには力も出してもらいたいなと思うことがあるんですよ。

この間、これは余分な話だけれども、ひとり住まいのおばあさんの家の縁側というか、廊下の軒下にこんなにでかいハチの巣、それで取ってくれと言うわけですよ。市役所を呼んできたら、我孫子の市役所はそういうのはやっていませんて言うの、業者を紹介しますって。それでディヘルプが来たわけですよ。私が行ったんです。そうしたら、隣のおじさんがかんかんに怒っていたよ。松戸市は今でもすぐ来て、あんなもの取ってくれると言うの。我孫子だけだなんて、こう言うわけだよ。まあそう言うなよ。だって、我孫子は防護服も何もないんだから、そういうことは今やれないんだよと言いながら、私は取ったんですよ。ごみ袋のこんなでかいのを頭からかぶって、つくってね……。

サポートセンターなんかの場合には、それでもってみんながやって、今こういう情報が入っているとか、あるいは企業からこういう助成金の募集があるよとか、こういうものを話し合って、それで市民団体個々がじゃ自分たちはそういう情報にマッチをする団体なのかと判断しながら、助成金の申請を企業にするとか、そういうふうにしていって、幅広く自分たちが自立をするということをまず考えていかなければいけないのかなというのは、ボランティア団体の中に、私たちは市のお手伝いをしているんだから、金くれるのは当たり前だとか、こういうような間違った考え方があるんですよ。そうじゃなくて、こういうふうな間違った考え方があるんですよ。そうじゃなくて、やっぱり市民活動というのは自分たちのふるさと、私らはもうここへ50年いますから、ここはふるさとだと思っている。このふるさとが住みよく、人情のあるまちになってもらいたいな、こういうふうな願いの中から活動をしていますから、本当にいいとそういうふうにみんながなっていけば、どこへ行っても自慢のできるふるさとだなと思っているんですよ。

福嶋　なるほど。

福嶋　即席の防護服で。

森谷　ごみ袋。それで落っことして、すぐ袋へ入れて。

ただ、それがやっぱり市民活動なんですよ。困っているなと、隣の人が困ったときに、はいそれじゃやってやるよと、こういうような地域の風潮というのか。ボランティアがいっぱいできたって、そういうことは私は違うんだよ、こっちのボランティアだよと言うんじゃなくて、市民の困っていることについてはだれにでも手をかしてあげようという、こういうやっぱり人情のあるまちにしてもらいたいなというふうに私は思っている。

だから、市民活動なんてそんな特別立派なことじゃないんですよ。

——なるほど。今の話の中でいろいろありましたが、協働とか自立という部分、市長のおっしゃる部分と森谷さんのおっしゃる部分、非常に似通っていらっしゃるんじゃないかと。結果的にいらっしゃる場分が違うんで、少し違うところもあるかもしれませんが、非常に内容が近い部分かと思って。今の話の中で、森谷さんから見た我孫子のNPOという、いわゆるNPOから見たNPOということで何か一言お言葉をいただければ。

福嶋　NPO法人に限らず、広い意味でのNPOということですね。市民活動団体ということで。

森谷　だから、私なんか本当に市民活動団体というのは行政の手先でもなければ何でもないんだから、独立しなければいけないよと言うんですよ。行政に頼まれてやっていることでも何でもないわけなんだから、やっぱり独立するような努力を皆さんしてもらいたいなと。これ、法人にならないは別問題にしてもですよ。

すると、ボランティアだと、今、千葉県は受益者からお金をもらってはいかんということなんですよ。それはボランティアじゃないと、こういうふうに私も言われたことがあるんですよ。だから、そういうようなことではなくて、もっと社会が双方向性ボランティアというのかな、労力はかすよと、しかし労力に対するボランティアというかな、そういうものは受益者が出しなさいよと、こういうような社会を構築していかないと、ボランティアというのは大きくなっていかない

《対談》VS森谷良三ディヘルプ代表

のだと。いつまでたっても行政の手下みたいな格好になる。だから、もっと考え方を変えてもらいたいなという気はするんですよね。

テープを目の見えない人、視覚障害に配っているボランティアがあるんですよ。今テープなんかじゃなくて、CDにしたらどうですか。要するにメールか何かで。そういうふうにすれば、音だけだよね。

今あるでしょう。移動図書館なんかあるけれども、ああいうものはやっぱり本当はCDの中で、メールの中で、インターネットの中で移動図書館が見られるというようなことをやったらどうですかと言うんですがね。だから、新しい発想というのがないんだな。だから、もう少し今のNPOの団体の人たちは、自立して自分たちでどんどん地域のために、地域のよくなる方法を考えていってもらいたいなと思うんですよ。

一つの例、市役所へ上がってくる坂があるでしょう。おばあさんがつえをつきながら上がってくるわけですよ。4回ぐらい休むんだよ。そうすると、日本在宅なんかへ行くと、あれ小さい電動自動車というのをくれるんだよ。そういう人にボランティアがいて、はい、

どうぞと、後ろへ乗せてここまで連れてくればいい。

福嶋　なるほど。

森谷　そういうような発想はNPOが自立しないと出てこない。行政頼みでいては。やっぱり我孫子の市長さんはなかなか面倒見が良すぎるというかな、市民に対して。私もつき合って20年になるけれども、NPO団体が本当にうんと育つ。でも、自立をしないんです。ここのところはもう少し考えてもらいたいなと。

福嶋　なるほど。結構、逆に苦情を言われながら自立について厳しく言っているつもりですが、森谷さんのようにもっと厳しくやれって言っていただくと、大変ありがたいおしかりなんですけどね。

森谷　いや、本当に日曜日でも土曜日でも市民の声がかかれば、その会合へ出てくるでしょう。私も50年こにいて、こんな市長は今までないの。大体、市長の顔なんて見たこともなかった。いや、本当に地域によく顔を出して、それでいろんな地域の声を聞いて、それでその実現のために努力をしていますよ。ただ、努力してもなかなか行政の中というのは、私はそういう組織だなと思って見ているんだけれども、なかなか実

第1章　手賀沼と団塊の世代―我孫子の市民活動―

現できない部分もあるんですよ。だけれども、それはやっぱり見ている人は見ているしね。
NPOも本当は行政の中から改革していかなければいけないんですよ。市長はNPOを知っているけれども、ほかの人は知らなくて、じゃNPOを知ろうなと。どういう意味だかわからないよなんていう職員も大分いるでしょう。そうじゃなくて、本当に官民協働というのがNPOの本来の趣旨なんですからね。

福嶋　ええ、そうですね。

森谷　あんなものは、本当は、この間のハチの巣じゃないけれども、あっちこっちおばあさんが聞いたといううんだよ。相談室だとか、公園課だとか聞いたという。でも、みな知らないよと。そういうことじゃなくて、1カ所で用の足りるような行政の組織にしてもらいたいなと、こういうふうに思う。話を聞いてみると、市長はえらく努力しているらしいけど。

福嶋　ワンストップサービスは、福祉の総合相談室に続いて、今度特に転入転出なんかのときの手続で、市民課を中心として、国保だとか、学校の手続だとか、そういうようなものを全部まとめた総合窓口を秋から

やるんですね。
だから、ワンストップサービスをもう一つ始めるんですけれども、ただ私思うのは、NPOのワンストップサービスというのは、ちょっとこれはやめた方がいいな、ちょっと意味合いが違いますけれども。むしろ森谷さんが今おっしゃったことと同じなんですが、市民活動支援課だけがNPOを知っていても困るんですよ。やっぱり福祉のNPOとは、ちゃんと市の行政の福祉部門が連携しないといけないし、行政の環境部門は環境のNPOとちゃんと連携しないといけないわけですよね。福祉や環境はそれでも割とNPOと一緒にやっていますけれども、そのほかの分野は全然NPOと経験ないという部署もまだあるんですよね。率直に言って。数としては結構たくさんあるのかもしれません。
ワンストップサービスで、じゃNPOだったらみんな市民活動支援課へいってください、私たちはNPOとは余り関係ありませんよ、何か言うときは、市民活動支援課を通してください、という話では困るんです。
だから、NPOの設立の手続のアドバイスなどはプロの職員を育てて支援課でやるにしても、市の全部の窓

54

《対談》VS森谷良三ディヘルプ代表

口がNPOとちゃんと話せますよというふうにしないといけないと思うんですよね。もちろん縦割りではなくて。

今、市民活動支援課が職員向けのNPOと連携をするやり方のマニュアルを、余りマニュアル化するというのは極端に行ってしまうとおかしくなると思うんですが、そういうのを一生懸命つくっているんですよ。職員向けの勉強資料、NPOとの連携の仕方の心得を今、一生懸命つくっているところなんです。

森谷　なかなか市は理解してくれているんですよ。ただ、400のボランティア団体にNPOは今度は幾つになるのか、15か。

福嶋　法人はね。

森谷　うん、法人ね。NPO法人15。すると、やっぱり新しくなったNPO法人というのは、実をいうと私も何だかよくわからないんだよ。NPO法人連絡会をつくったんだけれども、ちょっとわからないんですよ。

福嶋　森谷さんのNPOは別にして、新しいNPO法人と、ずっと活動を続けてきて実績を持っている市民団体と、多少意識は違うでしょうね。

森谷　うん。だから、本当に自分たちのまちをよくするために、市長と市民は対等なんですよと。何も権力のことを言っているんじゃないですよ。思いというのは対等なんだと。だから、私はその思いを市長にぶつけて、それで対等な話をしていかなければいけないなと思って。

それは確かに苦情もあることはあるわな。だけれども、それはやっぱり市長がわからない場所の市民の声だから、だから市長や行政のわからないところの市民の声は市民が一番よく知っているんですから、それを出し合って、そこから先は行政はここまではやれるよと。じゃそういう面では市民活動ができるんだよと。こういうような役割分担というのが必要なのかもしれない。それがボランティアであり、NPOの方針なのかもしれない。

福嶋　でも、本当にそういう話をちゃんと議論したり話し合ったりすることができる雰囲気と、その環境、力量というのはすごく大切ですね。市の職員の側からすると、NPOとか市民活動というと、最初からこう敬遠するか、逆に話し合うと、は

第1章 手賀沼と団塊の世代―我孫子の市民活動―

い、ご無理もごもっともで、何でもはいはい言ってしまうか。何でもはいはい言ったってそのとおりにできるわけじゃないから、余計、後で不信感を買うことに結局はなってしまうんですけれども。

ちゃんとだめなものはだめと言えず、みんなわかりましたわかりましたって話をその場ではしてしまうから、最初から敬遠するか。どっちもだめだと思うんですね。ちゃんと本当に話せないと。

森谷 そういうことですね。

福嶋 もちろん対等だという気持ちで。思いにおいては対等というのはすごくいい言葉だなと思うんです。ただ、我孫子の場合にはもうなかなかいかないんだよね。

森谷 だから、そこへなかなかいかないんだよね。た だ、我孫子の場合にはもう随分前からでしょう、市民参加の委員会をつくっているわけでしょう、高齢者研究会とか、こういう委員会を市民が入って、それでその声を聞いて、そういう委員会を立ててもらっているわけですよ。だから、そういう面では非常に進んでいるとは思うんですが。ただ、窓口へ行くとそういうのは全然ないんだよ。

市民参加の研究会なんかも、本当は市に参加したん

だから、市民が一緒になって文章を考え出せばいいんですよ。やっぱり言うだけ言って、あとは市役所の人が考えなよと。これじゃでき上がったのものがわからない。

福嶋 そうですね。この頃は、文章も一緒に起草してもらったりしていますが。

森谷 市民というのは、一般の人たちというのはわからないんですよ。行政はわかるんだよ。官庁語で書こうが、何で書こうが一般の市民というのは、あれ読んでいる人はほとんどいない。

――理解が難しい。

福嶋 全くそうだと思いますよ。ふつうの言葉で書いたり、話したりすることが、ものすごく大切です。

森谷 だから、いい証拠は介護保険がある。3年前に始まったでしょう。あのとき、市は地域でみんな集めて説明したらしい。行った人間は半分はわかったかなと言っているんだけれども、もう高齢者というのはああいうところは余り行かないんですよ。ああいうのは訪問説明というの、これが必要なんですよ。それを市民がやりなさいということを私が言ったの。隣組でも、

《対談》VS森谷良三ディヘルプ代表

あるいは地域社協か、ああいう人たちがみんな集まってきたところでもっていってやりなさいと。しかも、しゃべっただけじゃだめだよということ。ほら、プレゼンテーションをやるだろう。

福嶋 ええ、この間、CD—ROMの話ですか。

森谷 CD—ROM、そう。私、介護保険のあれを実はつくったんですよ。

福嶋 そう、先ほどちょっとプリントアウトした……。

森谷 それで、あれを持っていったんだよ。手すりをやる家へ持っていって、介護保険というのはこういうものなんですよと。

福嶋 すごいですね。

森谷 自宅で説明してあげる。そういうのが本当の市民活動かなと思う。行政が個別訪問というのはできないんですから。

——そうですね。

森谷 その個別訪問というか、地域の本当の末端の説明運動、行動というか、それを市民がやらなければいけない。それが本当の市民活動だと思うんですよ。口で立派なことばかり言っていたって、本当の市民活動じゃないんだよ。

福嶋 確かに。

森谷 いや、本当なんだ。

福嶋 先ほど森谷さんが言われたことですけれども、やっぱり発想の転換が必要だと思います。市民が行政のかわりに、ということだと、悪く言うと行政の手下という話になってしまう。NPOの側から、市民活動の側からすると、行政のかわりにやってあげている、

第1章　手賀沼と団塊の世代―我孫子の市民活動―

行政に対してやってあげているという意識がまだありますよね。その発想を転換して、やっぱりまず市民が自分たちのためにやるんだって、それでどうしてもやれないところを行政に税金を払って、行政にやらせるんだという、発想の順番を変えないといけないんだと思うんです。

森谷　だから、そのことが市民の幸せなんですよ。介護保険が全然わからないと思っている人たちに、隣組の人だとか地域の人たちが、介護保険とはこうだよっていって説明してあげると、そうするとその人たちが、それじゃ、ああそうか、それならば我々も資格があるんだなと、こういうようなことでもって幸せへの道を進むのかな。全然行政は個々を歩けないんですから。そこの受け持ちは市民活動としてやるのがいいのではないか。

福嶋　なるべく出前の説明会とかはやるようにしていますけれども、全部一軒一軒歩けといってもそれは無理。

森谷　難しいですね。

――時間も1時間過ぎてしまい、今まで非常にいろんな話が出ました。今まで話したことの繰り返しになりますけれども、森谷さんから言われたように、市としてNPOを支援をするときに、自立をしてもらえるような支援ということを特に意識していきたいと思うんですね。行政が抱えてしまうという支援じゃなくて。それによって自立したNPOと行政との本当の連携・協働という関係をつくっていきたいなと思っています。

――わかりました。長くなりましたけれども、一応こんな形で締めたいと思います。長時間にわたりありがとうございました。

福嶋　どうもありがとうございました。

本対談は2003年8月12日に実施されたものです。

58

第2章

我孫子発「市民との協働」

1 なぜ市民との協働か

いま、地方分権を担う主体を確立するためにも、ますます多様化する市民ニーズに対応するためにも、税収が減少する時代に持続可能なシステムを作るためにも、より根本的な自治体改革が求められている。

この改革の実現には、〈市民との協働〉〈市民への分権〉注が不可欠だ。分権の時代、国は県に仕事を渡してスリム化できるかもしれない。県は市町村に仕事を委譲してスリム化しようとしている。千葉県は行革プランで県施設の市町村への移管を打ち出した。では市町村はより多くの仕事を抱え込んで「大きな政府」を目指すのか。そんなことは、財政的見地からも不可能だろう。市町村はどうすれば良いのか。私は市民への分権を徹底して進める以外にないと思っている。

公共のサービスを行政が全て受け持つ、という時代はとっくに終わっている。むしろこれからの行政の役割は、公権力を伴わなければできない仕事（必要最小限の「許認可」など）と、市民と共に作ったまちづくりの目標に向かってあらゆる市民や企業の活動をコーディネイトしていく仕事、この２つが中心になるのではないか。

本来、「公共」とは官と民、行政と市民の双方で担うものであると考える。しかし、明治以降、「公共」を行政が独占、あるいは支配してきた。この方式は、行政が全ての責任をとることで、社会に一定の安定と安心感を与えてきたと思う。しかし同時に、行政の中に膨大な無駄と非効率を蓄積してきた。また、行政に対し批判と要求をするだけの「依存型市民」を生み出した。

21世紀には、こうした行政と市民の関係を根本から変えて、市民と企業と行政がより良いパートナーシップを築き、それぞれが自分の責任をしっかりと果たしながら、「協働」のまちづくりを進めていくことが大切だ。

61

第2章　我孫子発「市民との協働」

手賀沼公園

＊注　「市民との協働」「市民への分権」と言うときの〈市民〉とは、〈主権者としての市民〉全体を指すものではない。主権者としての市民に分権するというのは、そもそも論理矛盾だ。ここで言う市民とは、なんらかの具体的活動をしている〈特定の市民〉である。この市民と行政が、対等な立場で「協働」して、まちをつくる仕組みを「市民への分権」と捉えている。また、市民には法人市民（会社や公益団体など）も含まれる。

62

2 NPOと行政の協働「3つの類型」

新しい公共サービスの担い手として、NPOをはじめ多くの市民活動・市民事業が登場してきている。第1章で述べたように我孫子市内にも、市が連携しているだけでNPOなど市民活動団体が約300ある。福祉や環境、文化、国際交流、地産地消、観光など、あらゆる分野でまちづくりの大きなパワーになっている。市では、こうしたNPOとの協働をとくに重視している。

1 協働は自立したもの同士に成り立つ

ただ、この「協働」という言葉は、最近まちづくりの分野で流行語になってしまった感がある。「協働」「協働」と言っていても、中身は従来の市民参加となんの変わりもない、言葉だけ変えて何か新しい関係のようなつもりになっている、ということも多い。

また、行政が臨時職員の替わりの安上がりの労力としてNPOを利用するだけ、ということもないとは言えない。一方、本来市民が自らの責任と力で行うべきものまで、協働の名のもとに行政にお金を出させる、事務局も担当させるといった行政依存を助長する傾向も一部にはあるように思う。これでは自立に基づく協働とは逆になってしまう。

協働は、決してもたれ合いの関係ではなく、自立したもの同士に成り立つ関係であることを強く認識しなければならない。それを前提として、性格(団体の目的、長所・短所など)の異なる主体が、対等な立場で、それぞれの得意とするところを生かして、共通の目標に向けて協力することが〈協働〉だ。

また、NPOと行政が協働する時、誰がどういう責任を持ち、どんな仕組みでやるのかを、常にはっきりさせておくことが重要だ。我孫子市では、NPOと行政の協働の在

第2章　我孫子発「市民との協働」

り方を、次の3つの類型に分けて整理した。

＊注　NPOとは、NPO法人に限らず、営利を目的とせず公益活動を行う市民団体を広く指している。

2 協働「3つの類型」

❶ 自主・連携型 ―ディヘルプとの連携―

NPOと行政が、それぞれ独自に自分の事業を自分の責任で行いながら、共通の目標に向けて連携する。この類型が、協働の基本的な形だと考える。

例えば、我孫子市には前述したNPO法人「ディヘルプ」という団体がある。高齢者・障害者から依頼を受け、スロープや手摺りの設置など住宅改修を自らの事業として行っている。すでに段差などの解消3,400ヶ所以上、付けた手摺りは全部で5,200本以上という抜群の実績を持つ。

しかし、市の行政はディヘルプに何か事業を委託しているわけではないし、補助金も出してはいない。すべてディヘルプ自らの責任と自らのお金で、自分たち自身の事業を行っている。

それでは行政は何をしているのかと言えば、住宅改修を促進するため、市の制度として、高齢者・障害者へ住宅改修費用の1/2を助成している（限度額50万円、介護保険との併用可）。この高齢者・障害者への補助制度を税金を使って運営しているのである。

つまりNPOと行政は、お互い別々に自らの責任で活動しながら、「誰もが住み慣れた自宅で安心して暮らせるように」という共通の目標に向けて協働している。

❷ 市事業への参画型 ―コミュニティセンターの運営を委託―

この類型は、市の事業の一部分をNPOが担うことによって、市民の知恵や力が活かされ、より市民ニーズに合った効率的な事業展開が可能になる。もちろん市の事業である以上、最終責任は市が持つ。従って、本来の協働の「対等な立場」という関係は根本で成立しない。

例えば我孫子市では、「市民手づくり公園」事業を進めている。市内には約170の公園があるが、地域の住民にあまり利用されていない所もある。そこで愛着を持てる公園へのリニューアルを、市民と一緒にやることにした。

まず、公園周辺の住民の人達にどんな公園にしたいか話

し合ってもらう。出来上がった設計図に基づいて、材料費は市が負担し、公園づくりの作業は住民自身の手でやってもらう。第3章で少し詳しく紹介するが、こうした手法によって、すべて行政で作った公園とは一味違った公園が生まれている。市民との協働で、今までとは質の違ったまちづくりを進めることができるようになる。

市の事業のNPOへの委託もこの類型に入る。我孫子市では2005年度、18事業をNPOに委託している。現在市内7地区にある近隣センター（コミュニティセンター）の運営を、その地区の自治会や文化サークル、ボランティア団体などで作る「まちづくり協議会」に委託しているのはその代表例だ。各地区の「まちづくり協議会」では、近隣センターを、まさに自分達の共有財産として運営してくれている。

NPOに委託して事業を行う場合の留意点

2004年　管財課・市民活動支援課

(1) NPOに委託するメリット
- NPOには行政にはない専門性があります。
- NPOには先駆性・迅速性があります。
- NPOが持つネットワークの活用が図れます。
- NPOは地域の市民ニーズを理解しています。
- NPOの特性を生かし、より効率的、効果的な事業の執行や成果が期待できます。

(2) NPOに事業を委託しようとする場合の留意点
- NPOの特性を十分理解した上で、NPOに委託すべきかを判断して下さい。
- コストダウンや効率性という面も大切ですが、不当に安い価格で契約することはNPOとの信頼関係を損なったり、サービスの低下につながりかねません。適切な契約内容や金額の設定に留意する必要があります。
- NPOとの契約に際しては、約款の契約条件や仕様書の業務内容を双方で確認し、双方の責任の範囲や事故や問題が生じた際の解決方法を明確にしておく必要があります。

(3) 契約方法
- 競争入札は、平成16年度から「公募型競争入札」によることを原則としました。NPOに限らず入札に参加しようとする者は、あらかじめ入札参加資格者として登録しておく必要があります。
- 随意契約は契約の例外であり、法令の規定に該当する場合のみ、特定の相手方と契約できます。従って、業務の特殊性や専門性からNPOと契約する場合は、第三者への説明責任を果たせるよう、その理由を明確にしておく必要があります。
- NPOと随意契約をする場合も、「我孫子市随意契約実施要綱」に基づく手続きが必要です。また、プロポーザル方式によるときは、個別に実施要綱を作成する必要があります。
- 契約の対象となるNPOが複数ある場合は、入札や見積り合わせの対象となるため、十分な調査が必要です。

第2章　我孫子発「市民との協働」

この近隣センターの委託をはじめ従来のNPOへの委託は、事業を最初から、特定のNPOへ委託することを前提にして組み立てているものが多かった。しかし今後は、市の普通の事業をNPOへ委託することも多くなってくるだろう。この場合、市の「入札・契約制度」において、NPOを特別扱いしないことにしている。

我孫子市は、指名競争入札はすでに廃止しており、すべて公募型（事業の内容に応じて応募条件を設定）になっている。この中で、NPOに積極的に門戸は開くが、NPOも応募した1事業者ということになる。今後の公共施設の指定管理者制度の中でも、もちろん同様である。

NPOが、その優位性を発揮して民間企業などと競い合うことで、さらに自立したNPOとして成長していってもらいたいと考えている。こうした視点で、市の管財課（契約担当部署）と市民活動支援課は、「NPOに事業を委託して行う場合の留意点」（前ページ参照）を作成した。

❸ 共同事業型　──サポートセンターを共同運営──

この類型は、一つの事業を、NPOと行政が共同事業契約を結んで、責任と労力とお金を分担し合い行うもの。行

例えば我孫子市では、第1章で述べたように「ボランティア・市民活動サポートセンター」を開設している。最初は市の直営でスタートしたが、現在は、市民・社会福祉協議会・市の3者による共同運営に移行している。しかし、3者が完全に対等な立場で共同運営する仕組みを作るのは簡単なことではない。

「意思決定の手続きをどうするのか」「3者の委員の配分は何人ずつにするのか」「そもそも市民の定義は何か」「運営委員をどう選ぶのか」など、30回以上も市民と会議を重ねた。私も何回か直接議論に参加した。今は運営委員会の副会長を務めているが（会長は市民から選出）、運営についての最終意思決定はこの運営委員会で行い、市としても従う義務がある。

まだ現在のサポートセンターの運営方式は完成されたものではなく、過渡的なものだ。共同運営といっても、収入は市と社会福祉協議会からの支出に頼っており、サポートセンターとしての財政の確立が急がれる。

また、共同運営の主体となる「市民」とは、この場合、

2　NPOと行政の協働「3つの類型」

サポートセンター

ボランティア活動や市民活動をやっている人、あるいはやろうと思っている人、と定義しているが、こうした市民をまとめる組織はまだない。利用者会議の設立にこれから取り組んでいく。今は、サポートセンターの4つの部会（公募による市民で構成）からの代表者と、利用者からの一般公募の市民が委員となっている。

我孫子市よりも体制が確立した先進的なセンターは、他市にいくつもあるのではないかと思う。ただ、我孫子市のサポートセンターの特長は、行政直営ではなく、かといって市民に委託して実際の運営を任せてしまうのでもなく、市民と行政がともに汗をかいて共同運営をしようというところにある。また、社会福祉協議会のボランティアセンターと統合している例もまだ少ないようだ。

この他、共同事業型で行っているものには、地元農産物の地元消費をめざして市民（消費者）・農業者・市などで作っている「あびこ型地産地消推進協議会」や、谷津の自然の再生に市民と市で取り組んでいる「谷津ミュージアムの会」がある。

67

3 NPOとの協働を実りあるものにするための7つの原則

2004年2月20日、民間NPOセンター・将来を展望する会が「信頼されるNPOの7つの条件」を発表した。各地の民間のNPO支援センターの現場の責任者の議論の中から作られたものだ。「NPOならせめてこうあって欲しいという、標準的な水準を描いた」ということだが、NPOの在り方がたいへん良くまとめられていると思う。

これに対抗したわけではないが、我孫子市では、NPOとの協働の3つの類型を踏まえて、「NPOとの協働を実りあるものにするための7つの原則」を作成した。行政の立場から自己改革をめざして、NPOと協働するために必要な基本的事項をまとめたものだ。我孫子市はこういう立場でNPOと協働していく、という宣言でもある。

1　NPOとの共通の目標を明確にすること

協働とは、「目的、長所・短所など性格の異なる主体が、対等な立場で、共通の目標に向けて協力すること」と定義したが、まずこの〈共通の目標〉を明確に持つことから協働は始まると考えている。例えば、高齢者の在宅生活を支えるため、障害者の自立支援のため、子ども達の豊かな成長のため、手賀沼の水質浄化のため、などだ。

共通の目標が常に明確になっていないと、行政にとっては「安上がりに事業を実施できる」、NPOにとっては「市から財政支援が得られる」など、両者の利害や思惑に左右される関係になってしまう。

2 NPOの特性を理解すること

性格のまったく異なるもの同士が、それぞれの長所を活かして協力していくためには、相手をよく理解するように努めなければならない。

NPOには、地域社会の課題に取り組んでいく「自発性」、地域生活に密着して横断的なサービスを提供する「総合性」、地域に貢献することを通じての「自己実現の重視」、自分たちが直面している課題を仲間とともに解決していく「当事者性」など、企業や行政にはない特性がある。これらを充分に理解して尊重するとともに、その特性を活かした協力関係を築くことが重要である。

一方で、行政は基本的に1年間の予算に基づいて仕事をしていること、公平性を重視しなければならないことなど、行動様式にNPOと違う面があることを理解してもらうことも大切だろう。

3 市民参加やNPOへの委託を協働のモデルだと思わないこと

行政とNPOの協働の基本は、税金を使った行政の仕事と、税金を使わない民間活動との連携（3類型の①）だと考える。我孫子市とNPO法人「ディヘルプ」との関係がまさにそうだ。

行政の事業に対するNPOの参加や、行政の事業の範囲におけるNPOへの委託は、税金を使った行政の仕事の範囲におけるNPOとの連携であり、協働の一つの形態（3類型の②）ではあっても、基本形ではないと考える。しかし残念ながら、一般的には、参加や委託のことを指して協働と言っているケースがほとんどのように思う。それでは協働を狭い範囲に閉じこめて豊かな広がりを持てず、内容がだんだん貧しいものになってしまうのではないだろうか。

また、協働は自立したもの同士の間に成り立つ関係。決して"もたれ合い"にならないように注意し、それぞれの協働がどの類型であり、行政とNPOが責任や権限をどのように分担しているのか、常に明確にしておく必要がある。最終責任を負うものが、最終決定権を有するのが原則である。

69

4 「金」を出したら「口」も出すこと

「金を出しても口を出さない」のが、NPOの自主性を尊重する良い行政だという意見をときどき聞くことがある。しかし、それは間違っていると考える。税金を支出する以上、行政はそれが適切に使われるように最善の努力をしなければならないし、その結果に対する責任を、納税者全体、主権者である市民全体に対して持っているはずだ。口を出すのは行政の責務であるはずだ。

なお、NPOに委託する際には、行政の指示事項と、NPOの自主性や創意工夫に任せる部分を、契約の中で明確にしておくことも大切だ。

「名前貸し」も同様に良くない。NPOから「市の共催や後援があるといろいろな他の団体に働きかけやすいので〝名前〟だけでも貸して欲しい」と頼まれても、「名前だけは貸せない」と断っている。共催や後援をするのであれば、市はそれに応じた行動をして、責任を果たさなければならない。

さらに、市がNPOと責任や資金を分担し合って協働

(3類型の③)に取り組む時、市民に運営委員を任せて、市が事務局を担当するというのも良くない。一見、市が裏方にまわって市民を支えるという美しい姿に見えるが、結局、事務局が根回しをして運営委員会をコントロールすることになる。これは最悪だ。市も資金を分担したら、きちんと運営委員会のポストをもらう。そして、主張することがあれば、運営委員会のオープンな場できちんと主張する。そのかわり、そこで出された結論には成熟した態度だと考えている。こちらの方が、市民を真に信頼し、尊重した態度だと考えている。

5 協働の評価は第3者から受けること

協働は行政とNPOの2者だけの関係ではなく、1で述べた目標に沿って、必ず、働きかける相手として第3者の存在がある。障害者の自立支援のために協働するなら、そのサービスを受ける障害者、手賀沼の水質浄化のために協働するならば手賀沼が、その第3者ということになる。

協働した相手のNPOからの評価だけではなく、この第3者からどう評価されるかが重要だ。かりに行政とNPO

の双方が、両者の関係はうまくいっているとお互いに満足していたとしても、もし障害者から「あまり自分達の自立の役に立っていない」と思われていたら、あるいは手賀沼の水が少しもきれいになっていなければ、つまり働きかける相手から評価されていなければ、それは自己満足にすぎない。第三者の存在を常に意識しておくことが大切だ。

6 職員一人ひとりが市役所の代表であるという自覚を持とう

NPOに行政のタテ割りは通用しない。職員は、自分の担当する仕事以外の話になっても、責任を持って対応する必要がある。「その事は自分の担当ではないので、○○課に言ってくれ」という対応はあってはならない。行政内部の調整・連携は、その職員自身の仕事である。市民に接するときは、職員一人ひとりが「自分は市役所の代表」という自覚を持つことが重要だ。

また、市民からの要望に対し、「予算が無いから」という理由で断ってはいけない。それは言い訳に過ぎない。我孫子市には一般会計で３００億円以上の予算がある。何千万円の予算を必要とする要望であっても、やろうと思えば出来ないということは絶対にない。その要望に応えないのは、より優先順位の高い事業が他にあると判断しているからであり、事業の優先順位を責任を持って説明しなければならない。

7 市民感覚のある市役所になろう

市民から信頼され、市民感覚のある市役所でなくては、市民との協働は成り立たない。そのために、職員一人ひとりがさらに市民感覚を磨く必要がある。職員も一人の市民として、可能なかぎり地域の市民活動に参加するよう心がけたい。市職員のボランティア休暇制度も、必要があればさらに充実させていきたい。

また、行政の持つ情報は市民との共有財産であることを認識して情報公開を行うとともに、聖域を設けず行政のあらゆる分野に徹底した市民参加を進めることが、市民感覚を持った市役所をつくる最も確実な方法である。

第2章　我孫子発「市民との協働」

4 「オオバンあびこ市民債」の挑戦

我孫子市は2004年に、古利根沼の自然を保全するため、開発業者から水面約16haを買い取った。その財源に充てるため、市として初めて「住民参加型ミニ市場公募債」を発行した。全国の市町では70番目の発行だが、利率の設定の独自の考え方を導入した。

1 古利根沼の保全

古利根沼は、かつて利根川が蛇行していた部分で、明治末期の河川改修で本流の湾曲部からできた三日月湖だ。ハンノキやコナラなどの斜面林と湖面が一体となり、昔の利根川の風情をそのまま残した貴重な自然空間となっている。手賀沼、利根川とともに我孫子市の代表的な水面だ。取手市との市境（茨城県との県境）にある古利根沼は、昭和の初めに国から地元の廃川組合に払い下げられた。そ

の後、開発業者の所有となり、1980年代から何回も、沼を埋め立てて宅地化する開発計画が出された。これに対し、古利根沼を守ろうと市民の運動が広がり「古利根の自然を守る会」が設立された。1984年に市議会も全会一致で「開発反対」を決議し、市は沼を保全する方針を明確にした。

1996年と1998年には、市は先行して周辺の緑地を地元の地権者から取得した。そして、市民による「みどりのボランティア」の協力によって森の整備を進め、現在では2.9haが「自然観察の森」として市民に開放されている。

一方、沼の水面自体は、バブル期には50億円とも言われ手が出せなかったが、市は2004年に、開発業者からようやく適正価格の4億3,000万円で買い取ることができた。これで沼の保全が確実になったといえる。

2　財政面でも市民と協働

　市は、この古利根沼を買い取る財源に充てるため、「オオバンあびこ市民債」2億円を市民に発行した。これは「住民参加型ミニ市場公募債」と言われるもので、自治体の新たな資金調達手段として、現在、全国の自治体で発行され始めている。「オオバン」は我孫子の〈市の鳥〉の名前だ。

　市債の借入は従来、政府系の資金や銀行から行ってきたが、今後は政府系の資金が絞られていくことも予測され、市にとって資金調達先を多様化しておくことは、将来に向けて必要なことだ。同時に、市債の使い途を明確にして市民の協力を得ることは、まちづくりへの市民の参加意識をさらに高めることになるだろう。

　幸い我孫子市は、他市に比べると市債の全体額は少ない（2003年度決算の公債費比率9.0％）が、現在、国も地方も巨額の借金を抱えていることが深刻な問題になっている。住民参加型ミニ市場公募債は、資金を充てる事業の目的が市民に理解されなければ成り立たないわけで、市債に対する市民の関心とコントロールを強めることができる。これら

「オオバンあびこ市民債」発行要領 (市リーフレットより)

発行条件
- 発行額　　2億円
- 資金使途　古利根沼用地取得
- 発行日　　平成16年11月25日
- 利　率　　年0.58％
- 償還条件　5年満期一括償還
- 償還日　　平成21年1月25日
- 発行価格　額面100円につき100円

応募できる方
- 20歳以上の個人（平成16年10月1日現在）市外の方でも応募できます。
- 市内に本支店を有する法人や団体

5年満期の確定利率です
　年2回（5月25日、11月25日）の利息が受け取れます。

10万円から購入できます
　額面は10万円と100万円の2種類で、1人・1法人あたり10万円単位で10万円から最高100万円まで購入できます。ただし、抽選となった場合、最後の当選者につきましては、購入希望額どおりにならないことがあります。

応募方法
- 専用はがき又は官製はがきでお願いします。（官製はがきの場合は記入漏れがないようにご注意ください）
- 専用はがきにはお手数ですが50円切手をお貼りください。
- 応募は1人、1法人1通です。
- 応募多数で申込金額が発行額の2億円を超えた場合は、抽選となります。
- 専用応募はがき付きのパンフレットは、市役所、各支所・行政連絡所、生涯学習センター（アビスタ）、市民プラザ、各近隣センター、千葉銀行の取扱支店で配布しています。

第2章 我孫子発「市民との協働」

は、2006年から地方債発行について自治体の自由度が増す（許可制から事前協議制に移行する）なかで重要なことだ。

しかし、市が市民に向けて市債を発行するためには、政府系資金や銀行からの借入に比べ、債権の印刷費用をはじめさまざまな事務経費がかかる。同じ利息なら市にとって財政的には銀行などから借りた方が有利ということになる。

そこで市では、あびこ市民債の全体の発行経費（利息や事務経費の合計）が市の従来の地方債（銀行などからの借入）の経費と同程度になるように、市民債の利率を設定した。結果として、年利0・58％となり、その時点の満期などが同条件の国債の利率0・80％を下回ることになった。

実は、ほとんどの自治体のミニ市場公募債の利率は、同条件の国債の利率にいくらかプラスアルファして決定している。一般に自治体より国の方が信用が高く、国債は流通範囲も広いので、信用度の低い自治体は利息を多くつけなければならないという考えだ。

これに対し、我孫子市は独自の計算で利率を決めたわけだが、「国債よりも利率の低い市債など金融商品として成り立たない」ということで、証券会社からは取り扱いを断られてしまった。それでも千葉銀行が取り扱い金融機関に

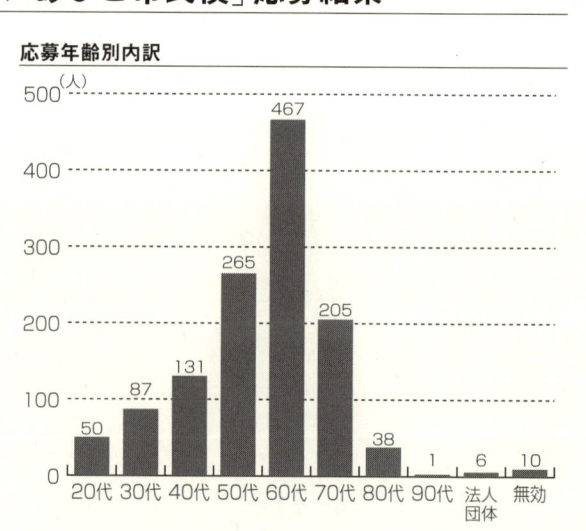

「オオバンあびこ市民債」応募結果

発行総額	
	200,000,000円
応募総数	
総　数	1,260件
個　人	1,254件
（市　内	1,210件）
（市　外	44件）
法人・団体	6件
応募総額	
	1,031,500,000円

応募年齢別内訳 (人)

- 20代: 50
- 30代: 87
- 40代: 131
- 50代: 265
- 60代: 467
- 70代: 205
- 80代: 38
- 90代: 1
- 法人団体: 6
- 無効: 10

なってくれて発行できることになったが、「利率が低いと市民が買ってくれないのでは」と心配する声は市議会の中にもあり、各方面から、国債よりも利率の低い市債が成り立つのかどうか注目されることとなった。

結果は、発行額2億円に対して、1,260件、10億3,150万円もの応募があり、公開抽選で257人の当選者を決定した。何よりも"古利根沼の自然を守る"という市民債の目的が、多くの市民に支持されたと考える。市債購入希望者に、念のため国債より利率が低いことを説明する市職員に対し、市民は異口同音に「そんなことは問題ではない。自分は沼の保全に協力したいだけ」と答えてくれたという。我孫子市民の自然環境保全への意識の高さをあらためて示したとも言えるだろう。

そもそも、何に使われるかまったくわからない国債に比べて、使い途を明確にした市民債は、市民にとって身近で信頼できるものになり得るはずだ。今回の結果が、全国の自治体のミニ市場公募債の利率に影響を与えることを期待しているし、今後、市民との合意によって自治体独自のあらたな市債あり方を探っていける可能性を示したのではないかと考えている。

古利根沼

パネル討論

『協働をすすめていく上での課題』

司会 本日は行政職員対象講座「NPOと行政の関係を考える」に多数ご参加いただき、ありがとうございます。講座の開催にあたり、企画した背景等をご説明したいと思います。

この講座は、行政とNPOのかかわる機会が増え、また、かかわり方も多様化している中で、NPOへの理解を深め、相互の関係のあり方について学ぶ機会として東京ボランティア市民活動センターの協力を得て、日本NPOセンター主催で実施するものです。現在NPO法人の設立数は1万を超え、ますます活発な活動が進められる中、地域においてはNPOと行政の協働による事業の数が増えています。しかしながら、「行政とNPOの相互理解が十分ではない」また、「NPOは行政の下請けな

〈パネリスト〉
福嶋浩彦氏 我孫子市長
椎野修平氏 かながわ県民活動サポートセンター ボランタリー活動推進担当部長
萩原喜之氏 中部リサイクル運動市民の会代表理事
牧野昌子氏 ちば市民活動・市民事業サポートクラブ代表理事

〈コーディネーター〉
萩原なつ子氏 宮城県環境生活部次長
※本文中は「コ」と表記する

行政職員対象講座「NPOと行政の関係を考える」
開催日時：2003年2月28日(金)13:30～17:30
開催場所：飯田橋セントラルプラザ(東京都飯田橋庁舎)
主　催：特定非営利活動法人　日本NPOセンター
共　催：東京ボランティア・市民活動センター

《パネル討論》協働をすすめていく上での課題

のか」「協働によりNPOの依存体質は助長されていないか」など、様々な声があるのが現状です。その中で、私共も、様々な場面に出会う中で、やはりNPOと行政の関係はこれでよいのだろうかという疑問を覚え始めまして、日本NPOセンターのスタッフを含め、議論してこのような企画をすることになりました。

本日は、すでにNPO施策を展開している自治体の職員の皆様、また、これからNPO施策を考えている行政の皆様にもNPOと行政の関係、理想の関係はどのようなものか、学んでいただく機会になればと思っています。

パネル討論では、協働を進めていく上での課題として、行政職員の意識、また、庁内体制、また逆にNPOに求められるもの等を議論して、最終的にはNPOと行政はどのような関係が理想なのかというところまで、もっていければと思っています。

それでは、パネル討論「協働を進めていく上での課題」に移りたいと思います。まず、すでにご登壇いただいておりますパネリスト、コーディネーターの方をご紹介します。皆さんの向かって左側から、我孫子市長の福嶋浩彦さんです。かながわ県民活動サポートセンターボランタリー活動推進担当部長の椎野修平さんです。中部リサイクル運動市民の会代表理事の萩原喜之さんです。ちば市民活動・市民事業サポートクラブ代表理事の牧野昌子さんです。宮城県環境生活部次長の萩原なつ子さんです。それからこれからの進行、コーディネーターの萩原なつ子さんにお渡しいたします。こんにちは。今日はパネルディスカッションのテーマが「協働をすすめていく上での課題」となっております。行政、NPOの協働ということではそれぞれ悩みを抱えながらの事業の展開だと思っております。私も今、宮城県でNPO活動促進室の担当の次長としてやっておりますが、やっと、課題が見えてきて、どのように解決していこうかということについて、NPOと行政が情報交換をネット上でやっておりまして、そこで一生懸命議論している館長も今日、来ておりますので、あとで時間がありましたら宮城県の状況なんかもちょっとお話していただければと思います。それでは、早速ですが、パネルディスカッションを進めたいと思います。

今日は4名の方、いらっしゃっています。今、お名前

第2章　我孫子発「市民との協働」

だけのご紹介でしたので、これからお一人おひとりご報告をいただくのですが、ご自分の自己紹介も含めてお願いしたいと思います。それではまず、福嶋さんの方からよろしくお願い致します。

福嶋　どうも、皆さんこんにちは。千葉県の我孫子市の市長の福嶋と申します。3期目になったところなんですが、市長になる前はもともといろいろな市民活動をやっていました。当時、NPOという言葉はあまり使われていませんでしたが、そういった市民活動出身の市長だと思っております。

まず、なぜNPOと行政が協働するのかという点ですけれども、これは公共の分野というのは、そもそも官と民が分担するものだと思います。この公共の分野を官が独占しているという方が異常な話なんです。ただ、明治以降、そういう傾向があったのだろうし、意識の上ではかなりそうだったと思います。確かに行政が公共の分野をかなり独占をしたことによって、一定の安心感とか、安定をもたらしたかもしれませんけれども、行政の中にはその結果、大変な非効率とか無駄を蓄積してきましたし、市民の側には、とにかく行政に要求すればいい、批判さ

えしていればいいというような行政依存を生み出してきてしまったと思います。これから21世紀まちづくりを考えていく上で、こういった行政と市民の関係を根本的に変えて、市民と企業と行政と、この三者のいいパートナーシップをつくることが必要だろうと思っています。

それで、協働によって何を得られたかということですけれども、協働したことによって行政にどんなメリットがあったかですとか、あるいはNPOの側にどんなメリットがあったかというのは、ちょっと違うと思うんです。行政とNPOが協働するのは、何かをやるために協働する。何かに働きかけるために協働をするわけです。もうちょっと具体的に言えば、子どもたちが生き生きと成長するように行政とNPOが協働する。あるいは高齢者や障害者が地域で自立して暮らせるようにNPOと行政が協働する。あるいは、我孫子には手賀沼という27年間ワースト1を続けた沼があって、手賀沼の水質を浄化するためにNPOと行政が協働するわけです。

だから、何を得られたかと言うときに、行政にどんなメリットがあったか、NPOにどんなメリットがあったかという話ではなくて、働きかける相手、対象がどんな

78

《パネル討論》協働をすすめていく上での課題

メリットを得たかということを基本に考えないといけないと思います。

それともう一つ、行政とNPOの協働というのは、何も同じ事業を一緒にやることが協働ではないと私は思っているんです。行政は行政の仕事をきちっと自分の責任でやる。ただし、NPOはNPOの活動をきちっと自分の責任でやる。バラバラではなく、お互いの仕事や事業をそれぞれやりながら同じ目標に向けて連携をしていくというのが、協働の一番の基本形だと思っています。

例えば、我孫子市にはディヘルプというNPO法人がいます。これは障害者の方や高齢者の自宅の簡単な住宅改修ですね。スロープをつけたり、手すりをつけたり、そういう改修をやるNPO法人なんですけれども、すでに市内の1,500軒ぐらいの住宅を改修して、つけた手すりは4,500本を軽く超えています。NPOの活動として住宅改修をきちんとやっている。市は何をやっているかというと、介護保険でも住宅改修は対象になりますが、それ以外の住宅改修の2分の1を補助しますという補助制度を運営をしている。これは別にNPOへ補助するというんではなくて、障害者や高齢者の方へ住宅改修をした場合に補助する、そういう補助制度を運営している。お互い、自分の仕事や事業をやりながら協働をしているんです。

その結果、どんなメリットがあったかと言われれば、まあ簡単な話で、市が補助制度を運用しないときよりも、ディヘルプの事業が進み、障害者や高齢者の皆さんが住宅改修をよりやれただろうと思うんです。行政の補助制度があり、ディヘルプが活動することによって、普通の工務店には頼みにくい小さな工事も、NPO法人のディヘルプは材料費や交通費ぐらいでやってくれますから、非常に頼みやすい。お互いに行政とNPOが連携しながらやったことによって、我孫子市の障害者の自宅や高齢者のお宅の改修がより進んだというのが得られたものだと思っています。

それから、高齢者などの配食サービスがあります。行政がやっているのは365日型、毎日夕食を届けるという配食サービスなんです。これは生活を食の面で基本的に支えるという仕事です。一方、NPOがやっている配食サービスというのは、月3回で、お楽しみ型と言っていいんでしょうかね。毎日配食して生活を支えるという

第2章　我孫子発「市民との協働」

ことではありませんけれども、手づくりのとても心のこもったメッセージカードをつけてお弁当を配ったり、あるいは配りにいってコミュニケーションをずっと丁寧に図ったりというようなことをやっているわけですよね。お互いが役割分担をしながら配食サービスをやっていますけれども、行政とNPOがそれぞれやることによって、高齢者のそれぞれの状況、ニーズに応じたサービス、配食サービスが市全体としては提供できているのではないか。そういう効果が上がっていると思っています。

コ　ありがとうございました。要するに行政にとってあるいはNPOにとってのメリットがあるということではなくて、その対象者にとってどういうメリットがあったのか。そこを大事にしなくてはいけないというお話だったと思います。さて、次に椎野さんの方から、今度は県のお立場からなんですが、お願い致します。

椎野　かながわ県民活動サポートセンター椎野です。かながわサポートセンターというのは平成8年の4月にオープンしまして、いわゆる官設官営と言いますか、役所が直接運営しているサポートセンターです。お陰様で大変利用が多くて、年間30万人以上の方が利用されていますけれども、一つはパートナーシップルームの運営ということです。このパートナーシップルームというのは、行政が市民・県民の方と協働するというふうに宣言した以上は、それを受け止める仕組みを行政の中に用意するべきであろうという発想のもとにつくりました。具体的には私共にパートナーシップルームと称した部屋があります。要するに市民の方が行政と何か一緒に協議したい、協働作業をしたいと言ってもどこへ行っていいのかわからない。行き着いても門前払い。話を聞いていただいてもないしのつぶてということがあり得るわけですが、とりあえず私共の方に来てくださいと。そういうことであれば、私共が行政の各所属の橋渡し役をやりましょうというのがパートナーシップルームです。これを行政の中で提案をしました。言葉だけでなくてサービスも一緒にやっているという心ある団体が多いんだということを説得したんです。それでは試しにやってみようということで、12年の7月から始まりました。半年ほどやって、まあ、これなら大丈夫だろうということで、今、本格的に実施をし

《パネル討論》協働をすすめていく上での課題

ています。そこですでに24件ぐらいの案件がそこでの協働作業が行われています。年間で千数百人の利用があると思います。

それからもう一つは神奈川ボランタリー活動推進基金21という基金が13年の4月にできました。約104億円の基金、年間1億2000万円ほどの助成金を支出するということです。これが補助金と負担金と表彰という三つにわかれていまして、そのうち、協働事業負担金というのが今回の協働というテーマに合致するのではないかと思います。

これは、行政の仕事をNPOにアウトソーシングするという考え方とはまったく違いまして、行政の外だけど、公益性の高い仕事をしているNPOがあるだろうと。そういうNPOと行政が連携するときに、応分の負担を支出していくというような考え方です。ですから通常、委託ということであれば、行政の仕事を外に出す。その事業成果というのは、行政のものですね。補助金の場合には、NPOの公益性を認めて将来的にお金を出す。事業成果はNPOのものだと思います。この負担金については、行政からNPOに支出するお金ですけれども、そ

のお金はNPOの自己財源ということですが、事業を実施する上ではお互いが協議して、協定書を結んで、その結果を第三者の審査会が選考して、事業が実施されていくということで、まあ、できるだけお互いの対等な関係が確保できるようにというような工夫をしております。

先ほど、福嶋市長の方からもお話があったんですけども、私共のパートナーシップルームも協働事業負担金もNPO支援というふうには考えておりません。NPOと協議する、協働作業をする、その結果としての先にいるクライアント、これは人の場合もありますし、自然の場合もあります。そのための協働の作業であろうというふうに思っています。ですから、協働事業負担金についてもNPOを支援するためにお金を出しているわけではなくて、NPOが提供するであろうサービスに期待してお金を出している。まあ、そんなようなことです。

やっていくうちにかなり見えてきた課題というのもいくつかあります。それはですね、一つは行政が社会の課題だろうと認識しているものと、NPOが社会の課題だと認識しているものと大分ずれがあるということです。協働事業負担金、初年度はまあ、それなりに行政と

第2章 我孫子発「市民との協働」

しても行政課題であろうと思っていたものと、だいたいそんなにずれない提案がきまして、今年度あたりですと大分ずれた提案がきまして、今年度あたりそれは第三者の審査会がこれは行政と連携すべきであろうということで選考してしまうわけで、行政としてはそれを受け止めざるを得ない仕組みになっています。

今回の例で言いますと、ギャンブル依存症の回復プログラムというのを扱っているNPOがあります。ただ、それを審査会が選考しても行政の中で受け止める窓口がないんですね。というのは、薬物依存症とかアルコール依存症は、まあ衛生部というところで実際に行っているんですが、ギャンブル依存症の話をもっていったら、血液採取してもわかんないだろうと。それから多くの人が多重債務に陥る、また、生活保護にお世話になるということで、衛生部だけの話でもないということで、三つの担当セクションに何とかお話をして、先駆的だからこそ行政として現在課題認識ない、こんなような事例というのを悶々としながら進めています。

要するに、税金というのは市民が市民社会をよくするために払うわけですね。市民社会をよくするための道具

として行政があったりNPOがあったりするわけで、その税金の使い道というのを行政が決めるわけではなくて、やはりこれは市民社会をよくするために使っていくと、そういうことであると、課題認識というのが行政だけの課題認識で税金を使っていいということではないので、そのNPO側からの課題、その提案を受け止める、そういう仕組みを先ほどのパートナーシップルームとか、協働事業負担金の提案で今、行っていろいろ勉強しているところです。

コ　はい、どうもありがとうございました。NPOを支援するとは考えていなくて、その相乗効果によって、その対象がよりよくなれると、そういうところが大事だというお話もありました。それから、課題の方も出していただいたんですが、私も2年前に行政に入りましたので、本当に新人で入ったときにやっぱりそのずれみたいなのが非常に大きな課題かなというふうにも思いました。なおかつ、今おっしゃった血液を採血してもわからないだろうという話は、すごくよくわかるんですね。それでNPOの活動というのは、本当に横断的なものですから、逆にいうとNPOの方たちが県庁の中であっちと

《パネル討論》協働をすすめていく上での課題

っちとこっちの顔をつなぐような役割を果たしてくれることもあるんですね。そういう視点から萩原さんどうでしょうか。長いNPO活動をなさってきた経験からお願いします。

萩原　課題と展望と得たもの、それから解決策ということですよね。ちょっとキーワードだけ拾っていきたいと思います。ただ、せっかく今日は私も中部リサイクル運動市民の会という立場で発言させていただきますので、愛知県の報告を少しNPO側から見てという形で、ステレオタイプでもお話できたらいいかなあと思っています。

協働というところでの相互の認識不足ということが一つ課題になっていましたけれども、そこで私が中部リサイクルという立場で仕事を県と一度いたしました。
「21世紀愛知環境づくりネットミーティング事業」で、担当は環境政策課です。社会活動推進室、NPO担当と中間組織というのはある意味で、モデル事業的に様々に行われていますが、多セクションとNPOの場合がどうなのかというところで少しお話をします。得たものとしては二つあります。

まず、寛容の精神と二枚舌という、これ、どういうこ

とかと言いますと、パートナーシップは対等だというよく前提がありますが、それ以前の問題としてお互いが認識不足であろうということを認識していないと、話をしていると絶対席を立ちたくなるわけですね。席を立ったら仕事になりませんから、席を立たないための秘訣が子育てのように、この人はまだわかっていないんだ。というふうに自分で言い聞かせないと、対等だと思うから腹が立つ。なんでこいつはわからないんだ。これはNPOの側から言っているだけではなくて、お互いなんですね。僕だけではないですよ。相手も席を立ちましたから、県の方も。それでも仕事ですからやるんですけれども、まずそういう対等以前の寛容の精神、お互いを子供だ、とお母さんのような気持ちにならないと、なかなか相互の認識不足は補えないということです。

それから二枚舌というのはどういうことかというと、これは決して悪い意味ではなくて、言語が違うものですから、実行委員会を形成するという形になっていたんですが、県としてやはり実行委員会でと言いながら、決定をそこに委ねるという怖さがあるわけです。現実、どうなったかというと、私は県が「新環境基本計画」というの

第2章　我孫子発「市民との協働」

をつくって、県民にそれを広く知らしめて議論できるようなうな状況をつくるというのが事業なんです孫子市長が言った、対象がどこなのかというと県民なんですね。ですけれども、行政の皆さんを見ていると、県民よりも上司にどう報告するかということが大事なんです。そことの乖離が出てくるわけですね。私は何を言ったかというと、この県民の中に環境NPOもいるでしょうと。とくに、今まで県の施策に対して棹さしてきた、反対派の人たちをぜひ受け入れたい。まあ、こちらが委託を受けたんでしぶしぶ受けてくれたんですが、やっぱり完璧には受けてくれないわけです。もし、何かあったときにどうするんだと。しかし、私が盾になりますでは全然納得していただけないので、結局は反対派が入ったテーブルは実行委員会ではなくサポート委員会という言い方をしました。実際にどうやりますというと、実行委員会とサポート委員会を合同でやりますという言い方で、結局はサポート委員会が実際の実行委員会と、こういうお互いの立場をうまくコーディネーションするというのか、ごまかすというのか、二枚舌と言ったのはそういうことですね。どっちかにしようと思ってもとんでもないこと

になってしまう。ただ、それはかなりお互いが痛みをわかるような形でギリギリ、二枚舌を使わないという形にはしましたね。そういう意味では得たものとしてという、ある意味の解決策かなあと思っています。

協働、委託という話をしていますが、まだまだ印としての協働や委託なんだなあと。今、我孫子の福嶋さんがおっしゃった、まだまだ行政がなぜ委託をしているのかということの認識が非常に希薄だという、委託だから委託だという感じが感じられます。例えば、心配だからずっとついてくれているわけです。委託にもかかわらず。これはわかるんです。それがもし、NPOを育てるという認識であったらそれでいいんですが、そうではないという認識であったらそれでいいんですが、そうではない。事業を委託するんであれば、人件費の削減ということを考えたら、これは無駄なことをなわけですよね。その人たちはほかの仕事をしてくれていればいいわけですから、というようなことからすると、まあ、最初だから仕方ないなあということがあるんですが、やはり、委託の意味というところが弱いなあという感じがすごくしますね。

それからあと、課題としては進行管理のところなんか

《パネル討論》協働をすすめていく上での課題

は、あまりにもやっぱりルールが違いすぎるという、これはどっちがいい、悪いではないですが、やり方の違い、これは中間組織がNPO担当室あたりとやっているときでもそうなんですけれども、担当者、だいたい寝れないですね。同意とか、準備の仕方がかなりNPOの場合は自発性に任せる、悪くいうと行き当たりばったりのところがありますから、結果は出してきたというみんな自信があるものですから、なんとか最後は寝ずにがんばったり、やっているわけです。仕事の仕方が5時で終わらないものですから、24時間でやっているという、その辺が見えないようなことが……。あとは人間関係があるというのが見えないようなことですね。まだまだいくつかありますが、最初は自己紹介ということですから、ちょっとそこだけにしておきます。以上です。

コ 盛りたくさんありがとうございました。先ほど、相互の認識不足であるということを認識するということとか、それから寛容の精神、これはよくわかります。二枚舌、それから言語が違うという話があったんですが、これはそういうことを言いあえるということが、いい関係をつくっていると思うんですけれども、非常に刺激的

な言葉をいただきましたので、そのあたりも含めてあとのディスカッションの中で展望とかも見ていきたいと思います。さて、では牧野さんの方から、フォーラムを一緒にやってみてというところからお話ください。

牧野 はじめまして。よろしくお願い致します。お手元にリーフレットが配られているかと思いますが、これが私たちの団体の紹介になっておりますので、ぜひお読みください。私たちのところは、先ほど千葉県の指針のお話がありましたけれども、今、県内で申請中も含めて400を超えた法人があります。

本当に2年前まで千葉県は、委託事業は一切ありませんし、私たちが認証を申請に行ったときは、3人しか担当官がいなくて、こういうこともしたい、ああいうこともしたいと言っても、30万の予算ですから、東京へ出張に行くだけでも終わりですと言われたものです。そこから比べたら本当にせかされてNPO室の皆さんも大変かなあと、私も思っております。そんな中で、千葉のNPOフォーラム2002を12月19日に開催しました。第1回が2002年の2月に開催して、1年間に2回したことになるんですが、はじめて実行委員会を公募して

やるということで、私たちの団体では事務局団体というふうにして受けました。事業費は250万。会場とか日時というのは、県の方で先に計画決定されていて、そのほか内容、その他は実行委員会で議論をして進めてきたというふうなことになっています。

その実行委員会には、主催が実行委員会と千葉県ということですので、県の方からは担当の方2名がオブザーバー出席をしていただきまして、県との連絡というのはその方がきちんとしていただいていましたので、事務局としては大変よかったなあと思っております。行政が主催としては入るということでは、広報活動は本当にとおりがいいわけです。駅にも貼れる、どこにも貼れるということで、いろいろな人たちに呼びかけができたかなあというふうに思っています。

それから、実行委員会が企画からかかわったということでは、だいたい県庁は1時から場所を押さえるわけですから、NPOというのは6時から何かしようと思ったら5時からしか会場を押さえないわけですね。経費節減ということでやっていますので、そういう場合でも1時から会場を押さえていただくと。で、私たちが実行委員会になったわけですから、もう、フルに会場を使おうということで、フォーラム以外にNPOフェスタという活動発表の舞台も用意を致しました。結果、多くの市民、行政の方にも参加をしていただきました。多分、これはNPOだけで企画をするということを考えた場合には、県内1カ所800人、700人集める企画というのは考えつかないし、地域で分野別というようなことで終わるのかなあと思います。

県で大きくやれたというのが協働の成果と思っています。

コ ありがとうございました。さて、今、4人のお話を伺ったところでこれから課題、そしてそれによる問題解決の方法、それから展望、この3つを論点としてディスカッションを進めて行きたいと思います。4人の方々、本当に自由に、手を挙げて質問もしながらまいりたいと思います。まず、最初に課題を挙げていただきたいと思うのですが。先ほどの報告の中でもいくつか挙げられていました。はい、萩原さんどうぞ。

萩原 先ほど触れなかった部分の課題を一つ付け加えたいと思います。市民と行政が協働するとき、もしくは市

《パネル討論》協働をすすめていく上での課題

民が参加といったときに、参加の段階でほとんどの行政が物事のプランニングや決定までしてしまっている場合が多いんです。そうすると非常にやりにくいんです。流れとして4段階あって、企画の立案をする段階と、決定、そして実行に移す、実施をする。あとは評価というのがあると思うんですが、ほとんどの場合、実施の段階で声がかかる。このレベルがだいたい参加と言われてきているような気がするんです。実はどういうふうにしているかというと、私たちの団体も長いものですけれど、行政の担当者が相談にきてくれるわけですね。例えば、さっきのネットミーティングの場合ですと、インターネットを使いますから専門性が必要なので、企業と組むこと、コンソーシアムを前提としませんかということで、企画立案は行政がつくってしまうんです。その前に私たちのアイデアも実は入っているんです。ただ、そこで問題が起きたのは担当者が変ってしまって、すでにコンソーシアムができているんです。そういう意味でわれわれの希望が入ったのですが、実は大学と組みたかったわけです。そうしたら大学は入っていないという、ここの柔軟性ができなかったということがありました。プランニングとか決定というあたりでの協働がどこまでやれるかというのは、一緒にやるといったときにかなり重要だということです。

あと、もう一つはNPOが非常に多いというところで言うと、愛知県はちょっと前まで非常に厳しかったんです。人口も多いところですが、NPOの数が登録の認証のところで増えないというのは、非常に厳重に指導していただいていたという経緯があるんです。変なNPOが認証を取ったあと潰れたら困るという親心としてそうだったんです。やはり担当が変わってから、とくに社会活動推進室が大きく変わりました。

コ　ありがとうございました。今のその、企画の段階から、まさに形式的な参加ではなくて、実質的な参加をしていくためには、計画段階からということで、先ほど牧野さんの方では、企画の段階からというお話があったようですけれどもいかがですか。

牧野　はい。フォーラムでは企画からで、テーマは「NPOはこれからがおもしろい」ということで、話し合って決めました。これも来年度の課題としてなんですが、

企画を立てる、その立案するというところは、本当にNPOがまだまだ力をつけていかなければいけないなあと思うんです。自分たちの思いをみんなにわかってもらえるように、行政にも市民にもわかってもらえるような企画をするというところ、それを表現するというのは下手だなあと思っています。今回、フォーラムの中では10団体がそれぞれ実行委員になりたいと、手を挙げたわけですが、その企画の練り合わせというところは、本当にむずかしかったです。お互いになかなか折れませんね。俺が、俺がというふうに、どうしてもなってしまう。期間が短いということもあって、ぜひ、今度はこういう企画のフォーラムをしたいとか、この企画に実行委員、集まれという方式がいいんではないかと思いました。

コ　はい。行政のお立場から、お二人の中からいかがでしょうか。

福嶋　はい。協働というときにいろいろな形があると思っているんです。だから、我孫子市は、コラボレーションの協働という字を書いた協働事業という言葉は使ってはいけないということにしているんです。非常に曖昧で行政とNPOの関係をわからなくしてしまうからです。

本当に一緒にやる事業は「共に同じ」という、昔から使っている共同事業という言葉を使っているんです。この共同事業というのは、まさにお金も労力も知恵も、また責任もNPOと行政がお互いに分担をして、本当に一緒にやる事業です。この共同事業の場合は、当然プランニングから一緒にやります。この共同事業の例が多いわけではありませんけれども、例えば「ジャパンバードフェスティバル」という鳥の祭典があります。我孫子市は「鳥のまち」でもありましてね。ジャパンバードフェスティバルは行政も加わり、NPOが加わり、企業が加わり、またいろいろな全国のNGO、NPOというもので実行委員会をつくって、本当に一緒にやっていますね。参加しているNPOやNGOや企業の方からも、一緒にやると言いながら行政がお膳立てをしてやっているものも多いけれども、ジャパンバードフェスティバルには本当に一緒にやっていると実感できていいという声もいただいています。

それから、NPOのサポートセンターも今、共同運営にまもなく移行するんです。そのNPOのサポートセンターをどういうものにするのか、あらためて市民と社

《パネル討論》協働をすすめていく上での課題

会福祉協議会と市の共同運営の内容について、これも三十数回、大げんかをしながらつくってきました。だから、そういうものは当然、プランニング、最初のところから一緒にやっています。

協働というときに、最初に言ったように、きちっと関係をはっきりさせておかないと、協働、協働という言葉が流行語みたいになって一人歩きする。協働事業、協働事業と言うときに、よくよく中身を見てみると、今までの市民参加とどこが違うんだい？　というようなものもたくさんありますし、協働の名のもとでNPOを行政の臨時職員のかわりに使おうという発想もまったくないとは言えない。気をつけていないと、そういうところに陥る可能性もあるんです。

逆に市民の側、NPOの側も協働なんだからと言って、本来自分たちの責任で自分たちのお金できちっとやるべき活動まで、市が予算取ってよ、補助金ちょうだいよ。また、協働なんだから市役所の何々課が事務局やってよ、活動の連絡先も市役所の何々課にしてよと、逆に行政依存を強めちゃう傾向も協働の名のもとであると思うんですね。協働というのは本来、お互

い自立していないと成り立たない関係のはずが、行政もNPOも協働の名のもとにもたれ合い、依存関係を深めてしまったら、これは逆の話になるんで、常に協働の関係がどういうものなのか、中身をきちっとお互いに確認しあいながらやっていかなければいけないだろうなあと思っています。

コ　はい。ありがとうございます。椎野さん、いかがでしょう。

椎野　先ほど、企画段階からの協働というお話があったんですが、お話した基金21の例ですと、企画段階では市民、県民の参加なしに行政がこの基金を設置しました。協働というものの考え方をしっかり詰めてから、これをスタートすべきであろうというような話があります。関係した財団の方が辞任するなどありまして、一時は胃に穴があくような覚えをしました。審査会の会長さわやか福祉財団の堀田先生で、「堀田がこれほど泥をかぶるというのは、はじめてだ」ということで、大分怒れたりしたんですが、そういうことを経まして、走りながら考えるというコンセプトでこの事業をスタートしました。走るのはいい、だけど、考える部分を担保しろ

第2章　我孫子発「市民との協働」

という話がありまして、その、審査会・NPO・県、その三者で考えるプラットフォームというものを設置しました。PLAN―DO―SEEということで、そのSEEの部分をこのプラットフォームが担うと言いますか、基金21協働会議ということです。これは三者が対等な立場で同じテーブルについて議論をして、それぞれまた持ち帰るということで、基金21制度をよりよくするための仕組みということです。ただ、この三者が話していると、基金制度についての話ではなくなっていきます。やはり行政とNPOとの関係についての話になっていきます。その中で、双方共に、意識のずれたところがあるので、じゃあ、これは協働の手引きというものをつくって、それを少し広めて行こうということになりました。NPOと県と一緒になってつくっています。

協働のお話があったんですが、実は広辞苑を見ると協力して働くことって書いてあるんですね。私は今、この説明が気に入っていまして、協働というのは森羅万象、いろいろパターンがあるので、なかなか同じルール、同じ定義で切り分けることがむずかしい。同じ定義で切り分けることがむずかしいので、やはりそれぞれの場面で、協

働して働くというようなこと。で、今、その手引きというのが実際に行われた20の事例を行政にヒアリングする中、これも行政だけのヒアリングでなくて、同じ事業に行政に対してもヒアリングとNPOに対してのヒアリング、これを見開きで左側にNPOに対してのヒアリングの結果、右側に行政に対してのヒアリングの結果と、こういう形で事例を出した上で分析して、そこから見えてきたものを帰納的に分類して、今後どうしていったらいいかというような提言をするような手引きをつくっています。

コ　はい。走りながらやっているという状況の中で、その協働の意味についてしっかりと明確にしていく必要があるだろうということがわかりました。行政の内部の問題としては、職員の意識の問題であるとか、組織、それの部、その課、その中でも、温度差という話がありましたが、そのあたりでの課題、問題点はいかがでしょうか。に、例えば萩原さんが実際、そういうことを経験したとかございますか？

萩原　あの、一つ、行政とNPOで一緒にやるとき、その温度差を喧嘩しながら埋めるということには非常に役に立っているんですが、だいたい、物事がうまくいくのもむずかしいので、やはりそれぞれの場面で、マニュアルをつ

《パネル討論》協働をすすめていく上での課題

ときには担当者もそうなんですけれども、それ以上にやはり上司の方ですよね。一番上はトップ、市長とか県知事なんでしょうが、まあ、大きな組織だと局長とか部長クラスが、「お前らに任せるから好きにやってこい」というふうに言ってくれているか、「俺が泥をかぶる」と言ってくれているかどうかが、どうも私は後ろ側から見ていると大きいような気がしますね。でないと、怖くてやれないわけですよ。市民団体と組むのは。市民団体の役割というのは、行政と若干違うのは、企業や行政がやれないようなところの領域をつくっていくという役割が得意なわけですよね。わからないことにチャレンジしていきますから、なかなか計画を立てられない。それからギリギリのところを入っていく場面がずいぶんあるんですね。そのときに、行政もどうしていいかわからないようなことへ入って行くわけですから、そこはアドリブがすごく要求されます。その場その場で状況をつくっていくという、まさに試行錯誤をしながらつくっていく。そのプロセスで自分たちで考えるし、つくっていく状況を生んでいくわけですからね、かなり失敗をどこかで許してくれる仕組みが行政の中にないと、それは多分、

個人の中で解消しているというような、組織的には無理なんだろうと思いますね。それはすごく感じます。

コ 失敗学会なんていうのもできているんですけれども、椎野さん、どうでしょうか。上司の立場をどうしているか聞かせていただけますか。

椎野 はい、あの、私がこういうところで偉そうなことを言っても、別に神奈川県全体がNPOに理解あるわけでもないんですね。で、いくつか、それでも種を蒔いておりまして、職員の研修にNPOについての研修をしております。これはお話したパートナーシップルームの中で、NPO側からもう少し、県職員にNPOのことを理解してほしいという話で、県の職員の研修の中にNPOの研修を組み入れて、NPOの方が実際に講師になって、その講座が行われたというような事例があります。

また、県庁の中に、庁内の推進会議、今、18の課が参加しているんですが、そういう会議を設けて庁内として協働を推進していこうというようなことをやっています。ただ、これは神奈川県の場合に、岡崎知事（当時）のリーダーシップに負うところが多いんです。環境庁事務次官退官後、自分で環境NGOをつくり、サポートセ

第2章　我孫子発「市民との協働」

ンターの設置もそういう経験を踏まえてつくられた方なので、そのNPOに対しての理解も大変深いんです。やはり、なかなかNPOの問題というのは下からの積み上げで行くというのは非常にむずかしい。かなりトップの意識ということから庁内を変えていかないとむずかしいんではないかなあと思います。

福嶋　そうですね。重点施策としてトップの考えが大事だということなんですが、福嶋市長はトップの立場としていかがでしょう。

コ　ちょっとむずかしいふられ方しましたけれども。失敗を許容するということも含めてね、一つの事業をやるときに、その事業の最終決定は誰が権限をもってやるのか、イコールその最終責任は誰が負うのか、ということを明確にしておく必要があると思います。先ほどちょっと話しました、例えばディヘルプというNPO法人が住宅改修をやっているのと、ディヘルプの事業としてやっていますから、その住宅改修は当然、ディヘルプが負うわけですよね。これは最終責任は発注をした障害者や高齢者の方に対してディヘルプが最終責任を負う。だからそれは行政が、自分の責任がどうこうとい

う心配をする必要はないし、口を出す必要もない。全面的に任せればいい。

一方、住宅改修の補助制度を運営しているのは行政。行政が税金を使って補助制度を運営しているわけです。だから行政が最終責任をもつ。そういう責任の範囲というのを常に明確にしておく必要があると思うんです。

ただ、「この部分は任せますよ」という範囲を明確にして、市の事業を委託をする場合、委託という形でアウトソーシングをする場合は、それは市の事業であることには変わりありませんから、最終責任は市長が持つわけです。NPOに責任をもってもらうし、行政が口を出す必要もないだろうと思います。そういう関係をきちっと確認していくことが必要ではないかと思っています。

それから、二枚舌という話が最初にありましたけれども、「ちゃんと委託契約を結ぶわけですから、任せたところはNPOに責任をもってもらうし、行政が口を出す必要も、言っておられる意味は十分わかるんですが、逆に行政として、二枚舌を、またちょっと違う意味で使わないことが、これは絶対に大切だと思っているんですよ。もっと柔らかい言葉で言えば、甘い言葉を言わないということです。きちっと自分の意見を言うし、行

92

《パネル討論》協働をすすめていく上での課題

政の立場を説明する。説明したことがおかしければ、また批判を受けるでしょうから。まあ、職員によって温度差というものもありますけれども、いずれにしても考えていること、行政の立場をきちっと言うということが、まず出発だと思うんです。

例えば委託事業の場合、最終責任は市にあるわけです。その税金の使い方をどうするかという最終責任です。先ほどの税金の使い道、行政だけでは決められないんだというお話は、また別の意味だったと思いますが、もちろん、税金の使い方についてNPOの意見も聴くし、いろいろな市民の意見を聴いて決めるわけですけれども、税金の使い方について、全市民に責任を負うのは、最終責任を負うのは市長しかいないわけですよね。NPOに責任転嫁はできません。税金の使い方がおかしいと言われたときに、NPOが勝手に使ったんですという説明はできないわけです。

それなのに、いろいろな場面でNPOだけに限りませんけれども、市民の皆さんの意見で決めますとか言いがちです。そういうことを乱発しない。市が決めるものは最終的には市が決めます。市長の責任で決めます。ただ、

皆さんの意見を十分に聴いた上で決めます。でも、市長が皆さんの意見に賛成しなければ、皆さんの意見を取り入れないかもしれない。取り入れないことの責任は、また選挙のときに有権者全体から問われるでしょうと。そういう責任をもって私はやります。NPOも同じことだと思ってNPOが決める。お互いそういう関係が大切だなあと思っています。

萩原　二枚舌のことなんですけれども、私も行政らしくいてほしいんです。NPOになってもらったら意味がないので。というのは役割が違うんで、そういう意味ではその行政の公平性、悪くいうと画一的な仕事にしていってほしいんです。それをやれないところをわれわれが担っていくというのが組む意味があるのでね。そういう意味では甘いことは言わないというのは大賛成です。

コ　行政らしくという、その「らしさ」とかについ突っかかっちゃうんですけれども、椎野さん、行政らしくってどんなことなんでしょうね。

椎野　はい。よく言われることですが、行政は公平性、画一性、そして全体のために。NPOは個別性で迅速で

柔軟でという話があるんですが、その公益という概念を少し私は考え直さなくてはいけないんではないかと思っているんです。というのは、公益法人制度ですと、不特定多数のための利益の増進というのが公益の概念になっているわけです。行政というのは当然、そういう概念で行政事務を行っているわけですから、不特定多数の方たちの利益の増進ということになると、お金の使い道からいって、一番困っている人に順番に使っていくというのが、やっぱり公平だと思うんです。NPO法上、公益の概念を不特定多数の者の利益の増進、と言って、不特定多数の者の利益の増進に寄与しているNPOは、そんなにないんじゃないかと思うんです。みんな特定少数のために活動しているのです。だからこそ、個別的に迅速に柔軟に動けるわけで、もともと公益についての概念が違うのではないかと思っています。つまり、行政が考える公益でなく、NPOが考える公益も含めて社会の公益の部分を担っているNPOというのを確認した上で考えていただきたいのです。

コ　今のご意見に牧野さん、どうですか。

牧野　公益という概念とおっしゃいましたけれども、やはりNPOは住民が気がついたその地域の課題を担っているわけだから、私たち自身のこととして気をつけなければいけないと思うのが、一人よがりになりやすいという点はあると思うんです。NPOというのが依存体質になりやすいのは、自分たちが今、がんばろうとして、立ち上げようとしているわけですから、そこで何か支援をと言ってしまうところをNPO同士の中でなんとかしようと私たちは考えているところです。

コ　先ほどの辻本さんのお話とか、あるいはほかの萩原さんからも出ましたし、椎野さんからも市民に対してアレルギーをもっている職員がまだいると受けとりました。そうするとNPOに対してなんとなく不信感とか、そういったものがベースにあるがために、一緒にやっていくということがなかなかむずかしいというところがあるのではないかと思うんですが、そのあたり、行政のお立場からどうでしょうか。

福嶋　まあ、それは、それこそ先ほどの温度差ということのとおりですね。それぞれの担当や職員によって、NPOと接した経験をもつ職員、もたない職員、場合によ

ってはマイナスの経験をもってしまった職員もいるでしょうから、それはあるとは思いますね。ただ、これは、研修して勉強すれば解決するという話ではないから、じゃあどうするかということになれば、いっぱいNPOと一緒にやって、いろいろな失敗をし、いろいろな混乱を深めていく。お互いに理解をしていくということだと思うんですよ。

萩原　萩原さんいかがですか。

コ　行政の人たちが普段見ている市民というのは、だいたい施策に反対している人たち、非常に怖い存在の人たちだったり、苦情を言いにくる住民や市民を市民と見ているわけですから、これ、ぼくは逆の立場に立つと、人間だったらそういうやつと一緒にやりたくないなという感情がよくわかるんですよ。ただ、先ほどから税金だとか、公共にといったときにはそれでいいのかなあというのはあります。ただ、それをどうやって乗り越えるかというのが今、すごく大切なのだと思います。お互いがどう変わっていくかというところでは、1回、腹括ってほしいなあとは思いますけれどもね。

コ　そろそろ解決策の方に向かいたいと思います。

椎野　ええと、今の話は、やっぱり「良薬は口に苦し」ということなんだと思うんですよ。口に苦いんですけれども、例えば神奈川県で言いますと、そんなことを言っている場合じゃあないんですね。財政状況から見ても、行財政改革を進めていく上で、行政だけで行っていけないんです。それから地方分権についても、国から地方、それだけではなくて、市民、地域へ分権していかないと地方分権が完結しないというような状況なのです。私は協働というのはそのくらい、危機感をもって今、考えています。

コ　今の椎野さんのお話に対してどなたかありませんか。

福嶋　もう一つはね、やはり市民自身の自治能力を高めていく、ということも非常に大きな課題だと思うんですよ。そうじゃないと、また市民やNPOとの乖離ができても仕方がないだろうと思うんです。自治能力って何かというと、市民の中には違う意見とか違う利益、立場っていっぱいあるわけですから、違う意見、違う利益をもつ市民同士がきちっと自分たちで話し合いをし、対話を

第2章　我孫子発「市民との協働」

し、そこから合意をつくりだせる能力ではないかと私は思っています。

ただね、実際には違う意見、違う利益をもつ市民同士の対話って、あんまり成り立たないし、対話をしようとしないと思うんですね。で、どうするかっていうと、それぞれの市民が行政に対して自分の意見、自分の利益にかなうように行政が動いてくださいと行政に要望するということが一般的だと思うんです。なんとか、これを変えないと。市民参加ということを一つとっても、本当に市民参加をすれば、絶対に市民の対立は起こるわけです。それぞれの市民の意見も利益も違うわけですから。それがそれぞれが要求しているだけなら、いくら市民参加に言ったってそれは陳情政治の延長の市民参加でしかありません。自治につながる市民参加にするには、この対話の力をもつことが必要だと思うんです。で、行政の職員もそういう市民の対話をきちっとコーディネートする力をもたないといけないんですけれども、行政のほうもまだまだそういう経験が不足しているし、コーディネートする力をまだもっていないんですよね。

だから、さっき言ったみたいに、まちづくりの実践の中でいっぱい失敗し、いっぱい試行錯誤をしながらお互いにそういう自治の力をつけていかなければいけないと考えています。

萩原　僕は最近、市民には能力があるというふうにすごく思っています。ただ、発揮しなくていいという状態になっているだけであると。例えばゴミ減量基本計画を公募で、たくさんの市民を巻き込んでやると言ったときの人たちというのは、やっぱりすごく時間はかかりますけれども、ある段階を越えるとすごい豊かな発想力と考えられないような計画案をつくるわけです。何が足りないかというと、合意形成をするための手法とかシステムが今まで必要なかったものだから、われわれもっていないんだろうと思っているんですよ。

今、何をやっているかというと、ワークショップなんていうのはよくあるパターンですが、コンセンサス会議だとか、ステークホルダー会議だとか、陪審員制度や、あとコーディネーターやファシリテイターって、みんなカタカナですけれども、日本にないものですから。そういうものをいろいろ集めてみて、われわれのオリジナル

《パネル討論》協働をすすめていく上での課題

福嶋 もちろん、市民にそういう力がないと思っているわけでは決してないんです。ただ、そういう力を発揮するシステムができていないし、なかなか潜在的にはもっていても発揮する環境になっていない。我孫子市もいろいろな個別のテーマでは市民の合意形成が始まっているし、我孫子市のまちづくりはNPOや市民活動が支えていると言っても、決して過言ではないと思っています。そういう個々の実践はあるけれども全体として見れば、まだ大きな課題になっているんだろうと思います。

コ はい。ありがとうございました。先ほどのお話の中の社会の調整というところが非常に重要になってくるんではないかというのは、私も今、行政におりまして考えているところです。
 ちょっとお時間をいただいてお話をさせていただきたいんですが、仙台市には広瀬川という有名な川がございます。そこに中州がどんどん巨大化していきまして、森林化しまして、これを取り除かないと洪水の心配が出てくるということで、県がそれを取り除こうとした。それに対して、近くに住んでいる人たちは、「いや、洪水の方が心配だ」と。それぞれの利害があるわけですね。そこを協議会形式にしまして、広瀬川にかかわるNPO団体、自治会、町内会という方たちが協議会をつくりまして、本当に行政とNPO、そしてその地域の方々で話し合いをして、もし中州を取り除いた場合にはどういう影響が出るかというのをNPOに調査を委託して、データとして出していく中で合意形成を図っていった。そういう事例がありです。そのときのコーディネート役をしたのが行政だったということですね。
 その行政の人たちがなぜそういうふうにやったかというと、過去の開発ですとか反対運動が起きてしまったりとかしました。だから自分たちで決めてしまってはいけないんだと。みんなで一緒にこの問題を考えていこうという、合意形成を図った上でのいい事例だと思いましたので、進める上でのいい事例だと思いましたので、ちょっとご紹介させていただきました。

第2章 我孫子発「市民との協働」

そのあたりどうでしょうか。どなたかご意見あります か。萩原さんなんかそういう役割を担ってきたんではな いですか。

萩原 合意形成の手法で、自分たちの地域で何かやると きに、コーディネーターというのはかなりむずかしい位 置なんですよね。というのは利害関係者がいる中で偏ら ないとか、場を保障していかないといけないということ で言うと、地域の問題を解決するときに、誰がそれをや ったらいいのか考えが及ばない。だから、他の地域から そういう人を連れて来ないとできないのかなあと。しゃ べる人と企画する人が同一である場合が多いもので、そ れをどういうふうにしたらいいかというのをちょっと 今、僕は悩んでいますね。

コ これが解決策だというのはないんですけれども、今 までのお話を踏まえて、今後の展望として、NPOと行 政との、今日のテーマで、「協働」ということを考えたと ころの展望をお話いただいて、そのあと質疑の方に移り たいと思います。

椎野 神奈川県内の自治体で二つ、事例を紹介します。 一つは二宮町というところが新総合計画の素案を出し

ています。その新総合計画の素案の重点プランの中に 「私が主役の協働まちづくりプラン」という、市民が主役 になっていくということを総合計画の中に、一番大きな テーマとして謳っている。それは努力目標みたいな話で すが、総合計画に位置づけられると個々の施策に反映し ていくわけですから、それくらい大きなところで考えて いくと、先が見えてくると思います。

もう一つ、大和市の例をご紹介しますが、よく市民活 動推進条例というのがありますが、大和市のは「大和市 新しい公共を創造する市民活動推進条例」という題名な んですよ。その条例は市民でのワークショップ、それか ら庁内の検討会、議会、そういうステップを踏んでこう いう条例をつくってきています。前文で新しい公共とい うのをどういうふうに定義しているのかというのをご 紹介しますと、「行政により担われていた公共に、市民や 市民団体、そして事業者も参加する時代がきています。 私を大切にするために様々な選択肢があることが普通 のことになってきました。このように多様な価値観に基 づいて創出され、共に担う公共を私たちは新しい公共と 呼びます」ということで、前文で宣言をしているんです

《パネル討論》協働をすすめていく上での課題

ね。最近、こういう自治体の動きを見ていると、市民が自治の主役となるというような言葉が頭の中に浮かんでくるものを目指すためにも私たち自身の自立ということに向かっていきたいと思います。できておりまして、神奈川も展望はあるかなあと思っているところです。

コ　はい。ありがとうございました。次、どなたいきますか。

萩原　名古屋市の話ですけれども、99年の2月にゴミの非常事態宣言が出て、政令都市なら多分10年くらいかかるような減量をやれたというあたりから、今回の話の協働や公を担っていくような民の登場というあたりの、これから試行錯誤して私たちなりのつきあい方をつくっていく、それを今、つくりあげているんだという感覚が、僕は唯一の展望なんですね。

牧野　県内では市民活動支援センターというようなことで、行政がつくっているのが10個ぐらいできているんですけれども、その支援の中身は、今日の課題である協働ということと結びつくと思うんです。市民自治、市民参加の一つの手だてとして、NPO市民活動があるわけですから、NPO自身が自立を高める方向性で支援をしていくということになります。お互いに自立を高めると

いうことが課題かなあと思っています。よい協働ということを目指すためにも私たち自身の自立ということに向かっていきたいと思います。

コ　はい。では最後に。

福嶋　分権の時代、国は都道府県に権限を下ろす、都道府県は市町村に権限を下ろす、ならばわれわれは民に徹底して分権をしようと思っています。我孫子はちょうど合併をしないという選択をしたところなものですから、自治のルールをあらためてつくっていきたい。3月の定例議会始まって、冒頭の施政方針の中で提案しようと思っているんですね。

一つは市長の多選を制限する条例をつくろうと。それから議員立法できる議会にする。そのためにも議員定数を思い切って減らそうと。それから市民投票の制度をつくろう。それから市民の人たちに財政のことや事業の優先順位を考えてもらうために、さらに徹底した情報公開にしようと。その中身は例えば、いろいろな団体が行政に要望を出したら、その回答も含めて全部公開しようと。最初からそういうルールで要望をしてもらおう。議員さんが日常的にそういうルールで行政の職員に提案したり、要望したり、口

99

第2章　我孫子発「市民との協働」

利きをしたりする、それも全部公開しちゃおうというようなことを提案しようと思っています。そういうことをやりながら市民と協働のまちを本当に進められる体制をつくりたいなあと思っています。あと、ちょっと気になったこと触れていいですか。

先ほど公益の話があって、行政の公益とNPOの公益、違うという言い方がいいかどうかわかりませんけれども、確かに差はあると思うんですよね。例えば障害者の例を出せば、行政が一番重い、──重い軽いというのは本当はおかしいし、こういう言い方をあまりしたくないんですが、一応便宜的に言えば、重い障害者の施策を放っておいて軽い障害者のサービスだけやれば、当然批判を受いますよね。だけどNPOは軽い障害者の人たちだけを対象にして、大いに事業をやれる。だから、行政とNPOの役割分担はそういうところでできるだろう。これはその通りなんですけれども、私も障害者の活動にちょっとかかわっていた時代がありますが、本当にそういう役割分担しているんならいいんですが、行政の人、多いと思うんでちょっとあえて言いたいんですが、実は行政が担っているのは法律に合う障害者だけではないか、それ

に外れた法の谷間の障害者や重複の障害者は逆に市民NPOはものすごい貴重だけれども、行政としてそれで済んでいないのか。単に役割分担してうまくいっていますでは済まないよ、と思っているんですね。そういったことも考えていきたいなあと思います。

コ　はい。ありがとうございました。今の最後のところの法律制度、ここは実は私も行政に入ったときに、なるほどなあ。行政の仕事というのはそこにかなり縛られると。今日、ちょっと話が出ませんでしたけれども、ご質問あるかもしれませんが、やはりNPO側というか市民側の方も行政のことを、仕組みというんですか？それをもっと理解する必要があるなあというのを私自身が入ってみて、実感したことです。それがわかって、それをそのまま受け入れるということではなくて、理解するということは何もそれを受け入れるということではありませんから、お互い、そこでこの仕組みを変えた方がいいんじゃないかということを議論していくためには、やはり先ほどのキーワードではないですけれども、理解というのが必要なのかなあというふうに思います。

100

第 3 章

市民が行政を変える

1 市民の徹底した参画と介入

「協働」は、行政と市民の信頼関係なしには成り立たない。そのためには、行政の一層の自己改革が必要となる。政策立案、毎日の細かい決定、実行、行政の全ての場にももっとも市民感覚を取り入れ、市民センスのある市役所を創り出していきたい。

私を含め行政の職員も地域に帰れば皆一人の市民であり、それぞれがさらに市民感覚を研いていくことが基本となる。それと同時に、市民感覚を持った市役所に変革するもっとも確実な方法は、行政のあらゆる分野に市民に徹底して参画してもらう、もっと言えばどんどん介入してもらうことだと考えている。

1 補助金の公募と市民審査

我孫子市は、市単独の補助金を1999年度でいったん全て廃止した。市単独とは、国・県・市が3分の1ずつ出すといった共同で行う補助を除いたもので、当時の総額は2億円ほどだった。

これらをいったん廃止した上で、あらためて補助金を欲しいという団体を公募し、応募のあったものを市民による補助金検討委員会で審査。その結果に基づいて2000年度からは全て新しい補助金としてスタートした。補助金が決まった団体も3年を限度として再び白紙に戻して見直す。また、市で制度化している施策的な補助金（例えば、保存緑地の助成金、太陽光発電システムの補助金、社会福祉施設への利子補給など）も、公募補助金と一緒に市民の検討委員会で審査し、まったく同様な手続きで見直している。

市民の検討委員会

検討委員会のメンバーを選ぶのは苦心した。我孫子市の

第3章 市民が行政を変える

市民活動の状況をよく知った人でなければ、適確な審査はできない。しかし、市内の状況をよく知った人というのは、何らかの市民活動との関わりがある人がほとんどだ。そうなると、審査の中立性や公平さに疑問を持たれてしまう。

この場合、公募もなじまない。

いろいろ探した末に、我孫子市民で会計検査院の参事官OBの方がおられたので、委員長をお願いした。また、日常的に市民と市役所のパイプ役として仕事をしている行政書士会から一人推薦してもらった（女性）。行政経験者も必要だと考えたが、我孫子市役所OBは避けて、他の市役所で総務部長を務めて退職された市民を選んだ。さらに市内の2つの大学から、行政学と社会教育を実践的に研究している先生にお願いした。行政学の先生は我孫子市の行政改革推進市民委員会の委員長も務めていただいた方だ。

結果としてバランスのとれた良い委員さんに恵まれたことが、この取り組みが成功する大きな要素になったと考えている。ただし、委員さんにはたいへんな負担をかけていることも事実だ。一般の審議会や委員会は2～3時間の会議時間が普通だが、この委員会は、山場では一日中審査が続くこともある。また、100件以上の補助金を審査する

全ていったんゼロにして既得権を廃止

この新しい補助金制度のねらいの一つは、既得権をなくすこと。補助金の中には、交付が始まった頃とずいぶん時代の状況が変化し、補助の必要性が低下しているものもある。しかし、既得権が物を言い、ほとんどそのまま継続されてきた。一方、新しい時代の要請で始まった新しい市民活動の中には、市としても支援したいものも多いが、そんな団体から新規に補助金の要請があっても、残念ながら「予算が無い」ということで断るしかないのが実情だった。これらを全て同じスタートラインで審査する必要がある。

また、従来の補助金見直しは、一つの補助金を削ろうとすると、「なぜこちらだけなのか。まずあっちの補助金に有力者？という話が必ず出てきたし、それぞれの補助金に有力者？とのつながりがあったりして、結局は一律5％カットといった形で落ち着いたりした。「みんなが同じように削られるのだから我慢して」というわけだ。こうした見直しでも財政上の一定の効果はあるが、本当に必要なところに適切

1　市民の徹底した参画と介入

に補助金を出すという姿には、いくらやっても近づかない。そこで、いったん全廃してゼロから始めることにした。

聖域を設けず

２０００年度からの補助金については、合計１１１件を市民の検討委員会が審査した。「一切の聖域、例外を設けず、遠慮なく審査してください」――こうお願いしたら、本当に遠慮無く切り込んでいただいた。そして検討委員会の提言書に基づき、従来からの補助金のうち27件が廃止になった（統合も含む）。

廃止の中には、市議会各会派への「市政調査研究費」（当時は自治法改正前で補助金として支出）や、医師会の補助金があった。医師会には日頃から市民の健康づくりにさまざまな支援をいただいており、医師会の協力なくして市の保健行政は成り立たない。従って行政内部だけで検討していたら、医師会の補助金をゼロにするという発想はまず出てこなかっただろう。しかし、市民の検討委員会の結論は単純だった。「お医者さんはお金持ちが多い。そのお医者さんの団体に、貧乏な市が補助する必要はない」ということだ。幸い、医師会にはご理解をいただいて、補助金が無

くなった今も全面的に協力してもらっている。心から感謝したい。

また、労働組合の「連合」は、私の３回の市長選で、唯一最初から推薦してくれている団体だ。市は以前から、メーデーへの助成金ということで連合に補助金を出してきたが、検討委員会の結論は、「労働運動そのものに市が補助金を出すのは不適切」というものだった。市はそれを受けて、この補助金も廃止した。

一方、新規の補助金は「あびこ子どもまつり」「我孫子野外美術展」などの新しいイベントや、福祉分野のＮＰＯ、まちづくり団体などが多くを占めた。

３年間でまた白紙に

この新補助金制度がスタートしてから３年めには、あらためて全てを白紙に戻して審査した。その結果、２００３年からの補助金では廃止が19件、新規交付が15件となった。この見直しのポイントは、３年前に新しく交付されるようになった補助金を、新たな既得権にしないことだ。このため、引き続いて応募があったものに関しては、補助金を継続する必要があるかどうか特に厳しく審査した。

3年前に新しく補助金が出るようになり、2回目の見直しでまた出なくなったNPOなどからは、「3年前に、市はようやく自分たちの活動を評価してくれるようになったと思ったら、また評価しなくなってしまったのか？」という疑問の声があがった。なぜ変わってしまったのか？

〈市がその団体の活動を評価している証として補助金を出す〉という発想は改めたほうが良いと考えている。むしろ、この市が最も高く評価している団体には、補助金は出さない。なぜなら、市が最も高く評価している団体とは、活動の内容はすばらしいし、自分たちの力で自立して活動できる団体だからだ。

市が補助金を出すのは、むしろ評価が1ランク落ちる団体だ。つまり、活動の内容はなかなかすばらしいが、資金面で自立して活動するにはいま一歩力不足という団体だ。

従って、「補助金が出なくなったのは、市が評価しなくなったからではなく、3年間で評価が上がったからです」と説明した。たしかに従来は、補助金を出す側も、もらう側も、〈評価の証としての補助金〉と思っていたところがある。だから、最初すぐには理解してもらいにくかったが、最近ではだいぶ理解してもらえるようになってきた。新しい発想を定着させていきたい。

新しい市民と行政の関係

この制度のもう一つのねらいは、市民と行政の関係を変えることだ。市民は「なんとか1円でも多く行政から補助金をもらおう」と考え、行政は「お金がない、お金がない」と予防線を張る——というのではなく、限られた財源（税金）を補助金としてどのように使えば市民生活の向上につながるのか、よりよいまちづくりにつながるのか、行政と市民、あるいは市民同士で議論し合える関係をつくりたい。

このため、検討委員会での評価が低かった団体が、公開の場で自分たちの活動を再アピールする「公開ヒアリング」も開いている。公開ヒアリングの結果、主張が認められて補助金が復活した団体もある。

例えば「我孫子市原爆被爆者の会」。2000年度からの補助金について検討委員会の審査では、「過去の戦争が原因となっている活動であり、自治体ではなく国の責任として対応するべきだ」ということで、市が補助するのは適切ではないという結論だった。理論的にはその通りだと思うが、現実には国が支援してくれるということは100％

1　市民の徹底した参画と介入

考えられない。公開ヒアリングでは同会から、「会員は全員高齢化しており、自己財源を新たに増やすことは不可能。補助金が無くなれば会の活動は休止になるかもしれない。しかし、被爆の後遺症への不安や健康被害と戦いながら生活していくためには、会員同士の相互扶助や交流はなくてはならないもの」という主張があった。市もこれを認め、補助金を継続することにした。二〇〇三年度からの補助金に関しても14団体が再アピールして、2団体が認められた。「補助金の公募と市民審査」の2つのねらいのうち、〈既得権の廃止〉はほぼ完全に実現できたのではないかと考えている。しかし〈市民と行政の関係を変える〉ことは、補助金の取り組みだけで達成できることではないとし、まだまだ始まったばかりだと言える。行政も市民も、より成熟した自治能力を身につけていきたい。

② 民間から試験委員

我孫子市は市役所の職員採用をする際、試験委員のうち一人は、民間から参加してもらっている。採用合格者を決めるまでの一定期間だけ非常勤特別職として委嘱し、

面接官を務めてもらう。合否の判定会議にも加わる。これまでに委嘱したのは商社の役員、デパートの人事課長（女性）、大手ホテルの支配人などで、民間企業の人事担当者が多いが、保健分野の専門職の採用が多かった年は、大学の付属病院の事務長にお願いしたこともある。

人物評価に民間の視点

そのねらいの一つは、人物評価に民間の視点を取り入れることだ。例えば、大手ホテルの支配人は、毎日あらゆる種類の非常に多くのお客さんと接している。初対面の人と会って、一瞬にして、どういう性格のどんなタイプの人かを見抜く力がずば抜けている。私も面接にはオブザーバーとして参加するが、受験生がいい話をすると、すぐに「これはすばらしい人材だ」と思ってしまう。しかし支配人から、「ああいう言い方をするのは、この点を自己防衛するために言っている可能性がある」というふうに解説してもらい、「なるほどなぁー」と感心した。

この民間試験委員制度は、40歳代までの市長で構成する全国青年市長会の第1回「行政改革推進賞」を受賞した。同賞の審査を行った㈶地方自治研究機構は、「これからの時

107

代、多様なニーズの調整や交渉、多量の情報処理や住民への提供などに関わる能力・行動力を職員の資質として求められる」とした上で、民間試験委員の制度を「幅広い観点からの職員任用を可能にするモデル的な試み」と評価してくれた。

一切の縁故採用を排除

民間試験委員制度のもう一つのねらいは、ガラス張りで公平な職員採用を制度的に保障することだ。民間委員以外の試験委員も市幹部が自動的になるのではなく、30代・40代の中堅職員の中から2人を委員に入れている。だから、民間委員と合わせて毎年委員の半分は入れ替わることになり、採用の透明性、公正さの確保にもつながっている。

また、一切の縁故採用を排除していることを明確にするため、求めがあれば試験の総合得点や順位を本人に開示する。このことは募集要領で、受験者全員に周知している。

余談だが、いつも思うのは、面接をして合格する人より不合格になる人が圧倒的に多いが、落ちた人は、面接の時の印象がそのまま我孫子市に対する印象になるということだ。落ちていい印象を持つというのは無理かもしれないが、面接で中身のあるやりとりをして、「自分は鋭い質問にうまく答えられなかったな」と半分納得して「きちんとした市だ」と思ってくれるか、「わけのわからない質問をするような幹部のいる市なんか、こちらの方でゴメンだ」と思われるかは、大きな違いだ。だから中堅職員の試験委員も、とくに優秀な人を選んでいる。

幸い？ 一度落ちても「どうしても我孫子市に」と、遠方からまたチャレンジしてくれる受験者も1人や2人にとどまらない。光栄でうれしいことだ。ただ、2年続けて1次試験を通って面接に進んだ人を、また不合格にしなければならない時は心が痛むのだが…。

③ 聖域にこそ市民の参加

〈どの団体に補助金を出すか〉ということや、〈誰を職員として採用するか〉ということは、大変な競争率のなか、行政にとってデリケートな決定である。少し前までは「聖域」とも言える分野だったかもしれない。そんな所にも――と言うよりそんな所だからこそ、市民に参加してもらう、介入してもらうことが大切だ。それによって、

1 市民の徹底した参画と介入

2003年度補助金交付結果

下段は新規分

部門	公募			施策			計		
	採択	不採択	計	採択	不採択	計	採択	不採択	計
保健福祉	11 3	5	16 3	17 1	3	20 1	28 4	8	36 4
産業経済	5	1	6	20 4	3 2	23 6	25 4	4 2	29 6
都市防災		2 1	2 1	8 1	1 1	9 2	8 1	3 2	11 3
教育文化	14 3	7 1	21 4	11 2	1	12 2	25 5	8 1	33 6
その他	1 1	1	2 1	7		7	8 1	1	9 1
計	31 7	16 2	47 9	63 8	8 3	71 11	94 15	24 5	118 20

行政の決定がより市民感覚を持ったものになるし、行政の透明性も高まる。

我孫子市補助金等検討委員会員名簿

任期：2001年12月22日～2004年12月21日　　　委嘱年月日：2001年12月22日

職　名	氏　名	備　考
委　員　長	安藝　忠夫	元会計検査院技術参事官
委員長職務代理者	木川　敏子	行政書士
委　　　員	磯岡　利男	元成田市総務部長
委　　　員	大久保　晧生	中央学院大学学長
委　　　員	坂口　早苗	川村学園女子大学教授

任期：平成1998年12月22日～2001年12月21日　　　委嘱年月日：1998年12月22日

職　名	氏　名	備　考
委　員　長	安藝　忠夫	元会計検査院技術参事官
委員長職務代理者	中沢　和子	川村学園女子大学教授
委　　　員	磯岡　利男	元成田市総務部長
委　　　員	大久保　晧生	中央学院大学学長
委　　　員	木川　敏子	行政書士

※委員交代（渡辺良子委員→木川委員）

平成16年度補助金等交付についての提言書

［提　言］
　補助金等の選別と順位付けは、「我孫子市補助金等交付基準」及び「我孫子市補助金等を受ける公募団体の選定及び手続きに関する要綱」で資格を、公募申請書と添付書類並びに概要調書等で内容を検討し、それを基に「我孫子市補助金等審査判定基準」で評点を付しました。評点は委員5人がそれぞれ採点し、それを集計いたしました。（結果は別添のとおりです。）
　一般公募分補助金並びに施策的補助金の平成16年度交付決定にあたって、次のとおり提言いたします。

1　38点以上（3件）は、総合点が高く問題なく交付すべきとします。
2　28～37点（3件）は、補助すべきかどうか疑問があるもので、原則交付すべきではないものです。
3　27点以下（3件）は、交付すべきではないものです。

　なお、個々の補助金についての委員会の意見は、集計表の各該当欄に記してあります。また、委員会の協議の過程で次のような意見がありましたので、付帯意見として記しておきます。今後の行政運営に活かしてください。

［付帯意見］
① 　従来は、障害者団体等の福祉団体への、小額の補助は効果が薄いのではないかと考えてきました。しかし、施策的補助のように多額になる補助に比べ、小額の補助でもその団体にとっては、団体の存立に関わる貴重な財源であり、市の財政的にも負担が少ないと考えるので、そうした団体の育成には補助金は有効だと思われます。
② 　施策的補助金は、費用対効果について十分に検討し、申請してください。

平成15年8月21日

我孫子市長　福嶋　浩彦　様

我孫子市補助金等検討委員会
安藝　　忠夫
磯岡　　利男
大久保　皓生
木川　　敏子
坂口　　早苗

1　市民の徹底した参画と介入

「我孫子市補助金等検討委員会」審査判定基準

1　目　的
　　この基準は、「我孫子市補助金等検討委員会」が「我孫子市補助金等検討委員会設置要綱」に基づき、一般公募と施策的補助金を同一基準で審査判定するために定めるものである。

2　審査方法
　① 審査は、委員各自が評点表に補助金毎に4項目3段階のポイントで行い、その集計の結果点数の上位から順位づけをする。
　② 4項目のうち他項目とポイント差をつける必要がある場合は、委員相互の協議により加重することができる。
　③ 補助金等は原則3年間で打ち切りとする（公募）。
　④ 3年毎の見直しにおいて、前回から継続して申請のある補助金等（平成11年以前に補助金等を受けた実績があり、その後の見直しにより不採択とされたものの再度申請を含む）については、継続すべきかどうかの判定を行う。
　⑤ 継続が認められた補助均等については、委員の協議により、自立化に向けた目標年度の設定等、交付についての制限を設けることが出来る（公募）。
　⑥ その他判定しにくい項目等が生じた場合は、その都度委員相互で協議するものとする。

3　判定基準
　　判定にあたって、「我孫子市補助均等交付基準」を踏まえ、行政が補助すべき事業かどうかを前提とする。
　・「時代度」
　　（視点）
　　　少子高齢化、自然環境の保全、リサイクル事業、国際化、地域福祉の充実、市民ニーズの高まり、国や県等の動向等々の社会経済的背景に合致しているか否かといったことから評価
　　（ポイント）
　　　時代性からみて補助することが必要・・・・・・・・・・・・・・・3
　　　時代性にとらわれず補助することが妥当・・・・・・・・・・・・・2
　　　時代性からみて補助することが不適・・・・・・・・・・・・・・・1
　　　継続すべきでないと判定・・・・・・・・・・・・・・・・・・・・0

・「実現・目的達成可能度」
　（視点）
　　　団体等の目的や熱意、工夫、計画性、活動内容、決算状況等々からみた評価
　（ポイント）
　　補助することにより、実現（達成）の可能性がある ・・・・・・・・・3
　　事業の見直しにより、実現（達成）の可能性がある ・・・・・・・・・2
　　補助しても実現（達成）の可能性がないか、または活動内容が
　　会員間の福利厚生（もっぱら自己利益誘導）にとどまっている・・・・・・・1
　　継続すべきでないと判定 ・・・・・・・・・・・・・・・・・・・0

・「創造性（独創性）」
　（視点）
　　　事業または活動の発想や着目点、先見性、発展性等々からみた評価
　（ポイント）
　　全体的に創造性（独創性）が見受けられる ・・・・・・・・・・・3
　　一部に創造性（独創性）が見受けられる ・・・・・・・・・・・・2
　　特に創造性（独創性）は見受けられない ・・・・・・・・・・・・1
　　継続すべきでないと判定 ・・・・・・・・・・・・・・・・・・・0

・「我孫子らしさ」
　（視点）
　　　我孫子の自然、環境、景観、文化、歴史等々を活かしたものであるか否かといったことからの評価
　（ポイント）
　　全体的に我孫子らしさが見受けられる ・・・・・・・・・・・・・3
　　一部に我孫子らしさが見受けられる ・・・・・・・・・・・・・・2
　　特に我孫子らしさは見受けられない ・・・・・・・・・・・・・・1
　　継続すべきでないと判定 ・・・・・・・・・・・・・・・・・・・0

4　評価表
　　省略

我孫子市補助金等を受ける公募団体の選定及び手続き等に関する要綱
（平成１５年２月５日告示第１１号）

（趣旨）
第１条　この要綱は、地域のまちづくりを推進し、市民が行う自由な市民公益活動や生涯学習活動を支援するため、補助金を交付する団体の選定の方法、補助基準、手続等に関し必要な事項を定めるものとする。

（募集方法）
第２条　この要項に基づく補助金は、公募の方法により行うものとする。

（公募団体）
第３条　公募による補助金を交付することができる団体（以下、「公募団体」という。）は、特定非営利活動促進法（平成１０年法律第７号。以下、「法」という。）第２条第２項に規定する特定非営利活動法人又は特定非営利活動（法第２条別表に掲げるものをいう。）を行う営利を目的としない、公益の増進に寄与する任意団体で、次の要件のいずれにも該当するものとする。
　(1)　１０人以上で構成されていること。
　(2)　活動拠点が市内にあり、かつ、市内において活動を行っていること。
　(3)　宗教の教義を広め、儀式行事を行い、及び信者を教化育成することを主たる目的としないもの。
　(4)　政治上の主義を推進し、支持し、又はこれに反対することを主たる目的としないもの。
　(5)　特定の公職（公職選挙法（昭和２５年法律第１００号）第３条に規定する公職をいう。以下同じ。）の候補者（当該候補者となろうとする者を含む。）若しくは公職にある者又は政党を推薦し、支持し、又はこれらに反対することを目的としないもの。

（補助対象経費）
第４条　補助金の交付の対象となる経費（以下「補助対象経費」という。）は、別表に掲げるとおりとする。

（補助金の範囲）
第５条　補助金の範囲は、補助対象経費の１００分の１０から１００分の５０までの範囲とする。ただし、補助対象経費のうち、備品費については補助率を１００分の５０以内とし、補助額は５万円を限度とする。

（補助金の額）
第６条　公募団体に交付する補助金の総額は、予算で定めた額以内とする。

（交付期間）
第７条　公募団体に交付する補助金の交付期間（以下「補助期間」という。）は、一申請につき一交付期間３年以内とする。

（申請）
第８条　公募により補助金を受けようとする団体は、補助金を受けようとする年度の前年度の７月１日までに我孫子市公募団体申請書（様式第１号）に次に掲げる書類を添付の上、市長に申請しなければならない。
　（１）　団体規約
　（２）　構成者の名簿
　（３）　活動内容を確認できる資料等
（担当課の指定等）
第９条　市長は、前条の申請書の提出を受けたときは、申請団体の活動内容について、関係する所管（以下「担当課」という。）を指定し、当該活動に関し意見書を提出させることとする。
（補助金等検討委員会の提言及び結果）
第１０条　市長は、第８条の申請書の提出を受けたときは、補助金を交付すべき団体であるか否かを判断するために我孫子市補助金等検討委員会（以下「検討委員会」という。）に評価・判定について諮るものとする。
２　検討委員会は、前項の申請書の内容については評価・判定し、その結果を市長に提言しなければならない。
３　市長は、検討委員会の評価・判定の結果を速やかに団体に通知しなければならい。
（公開ヒアリング）
第１１条　市長は、前条の結果において、補助金を原則交付すべきでないとされた団体に対し、申出により公開ヒアリングを実施し、当該団体が説明できる機会を設けることができる。
２　前項の規程により申出しようとする団体は、前条第３項の規定による評価・判定結果を送付した日の翌日から起算して１４日以内に、我孫子市公募補助金公開ヒアリング申込書（様式第２号）を市長に提出しなければならない。
３　公開ヒアリングには、担当課を出席させるものとする。
４　公開ヒアリングの実施方法については、別に定めるものとする。
（対象団体の決定）
第１２条　市長は、補助金を交付すべき団体（以下「対象団体」という。）とするか否かについては、検討委員会の選定結果を尊重するとともに、公開ヒアリングの実施結果を踏まえ決定するものとする。この場合において、市長は、我孫子市公募団体採択・不採択通知書（様式第３号）により当該申請団体に通知するものとする。
（中間報告）
第１３条　対象団体は、我孫子市補助金等交付規則（平成元年規則第２３号）第６条の規定により補助金の交付の決定を受けたときは、１１月１日現在までの事業実施状況について１１月３０日までに我孫子市公募補助金実施状況中間報告書（様式第４号）により、市長に報告しなければならない。
２　市長は、前項の報告書の提出を受けたときは、第９条の規定により指定した担当課に意見書を提出させることとする。

(実績報告)
第14条　補助金の交付を受けた対象団体は、補助対象事業が完了したとき(補助金の交付期間が複数年に及ぶときは毎年度末)は、我孫子市公募補助金実績報告書(様式第5号)に必要書類を添付の上、市長に報告しなければならない。
(交付団体の公表)
第15条　市長は、補助金の交付を受けた対象団体及び補助金の交付額を広報その他適切な方法により公表するものとする。
(団体の活動報告)
第16条　補助金の交付を受けた対象団体は、市が主催する活動報告会において、活動内容を発表し、市民から理解を得られるよう努めるものとする。
(事務所管)
第17条　この要綱に基づく公募による補助金に関する事務は、市民活動支援担当課において処理する。
(補則)
第18条　この告示に定めるもののほか必要な事項は、別に定める。
　　　附則
この告示は、公示の日から施行する。

別表(第4条関係)
　補助対象となる経費

項　　目	備　　考
人件費	事務局職員等を雇用するためのものに限る。
報償費	講師等謝金
交通費	電車、バス代等
消耗品及び原材料	1品につき1万円未満の物品に限る。
図書購入費	
印刷製本費	
通信費	電話料金、インターネット接続料、郵便料金等
保険料	行事等の開催時に掛ける場合に限る。
研修費	講座受講料、大会等参加費(宿泊を伴うものを除く。)
食糧費	講師等の賄い(昼食代等)に係る費用に限る。
使用料	施設使用料(会議、イベント等で使用する場合に限る。)及び物品の借上費(レンタル等)
賃借料(借家又は借地)	団体事務所に係るものに限る。
警備費	イベント開催時の交通整理に限る。
備品費	団体の運営を効果的・効率的にする物品で、1品につき1万円以上のもの
その他これに類する経費	必要と認めたときに限る。

第3章 市民が行政を変える

所 管 課 決 裁 欄			
部長	課長	課長補佐	係長

施 策 的 補 助 金 等 の 概 要 調 書

区　　　　分	内　　　　　　　　　容		
補 助 金 等 の 名 称			
所　管　課	部		課
補 助 金 等 の 性 質	運 営 ・ 活 動 ・ 施設整備 ・ 人件費 ・ 奨 励 ・ イベント		
国・県補助金該当の有無	有 ・ 無(該当補助事業名　　　　　　　　　　　　　　　)		
	補助対象額(　　　　　　) ・上乗せ分(　　　　　　　　)		
補 助 金 等 の趣 旨 ・ 目 的			
対 象 事 業			
対象事業の施策的な 位 置 付 け	基本計画 ・ 実施計画 ・ その他(　　　　　　　　　計画)		
対　　象　　者			
補助金等の要望額	円		
	要望額の算出根拠		
補 助 の 期 間			
補 助 の 制 限			
備　　　　考			

※必要に応じて参考資料を添付のこと。(A4版)
※「対象事業の施策的位置付け」については、計画書の該当頁の写しを添付して下さい。
※「対象者」欄及び「要望額」欄については具体的に算定根拠を明示すること。
※「補助の期間」は最長で3年間。

1　市民の徹底した参画と介入

自　己　評　価　票　（　公　募　・　施　策　）

記入日：

団 体 名 及 び	団体名：					
代 表 者 氏 名	代表者名：					
補 助 金 名 称						
補 助 事 業 の 目 的 及 び 内 容						
補 助 年 度 及 び	15	年度	16	年度	17	年度
補　助　金　額	円		円		円	
年度別事業費 (決算額・予算額)	円		円		円	
事 業 の 効 果						
補助事業に対する 自　己　評　価						
平成１８年度以降も補助金を必要とする理由						
今後３ヵ年における自立目標年度	年度で自立可能 (自立できない理由：　　　　　　　　　　　　　　　　　　)					

※以下担当課記載欄

補助事業の内容等に対する担当課評価	
継続して補助することに対する担当課所感	

担 当 課 決　裁　欄 及 び 決 裁 日 (　　　　)	課　　長	課長補佐	係　　長	担 当 者

117

我孫子市補助金等を受ける公募団体の選定に関する公開ヒアリング実施要領

(趣旨)
第1条　この要領は、我孫子市補助金等を受ける公募団体の選定及び手続等に関する要綱(平成15年告示第11号。以下「要綱」という。)第11条第4項に規定する公開ヒアリングの実施に関し必要な事項を定めるものとする。
(公開ヒアリングの実施時期及び開催日程の公表)
第2条　公開ヒアリングは、我孫子市公募補助金公開ヒアリング申込書の提出を受けてから30日以内に開催するものとする。
2　公開ヒアリングの実施場所及び実施時間はその都度市長が定めるものとし、開催日程については広報あびこその他適切な方法により公表するものとする。
(資料の提出)
第3条　申出団体は、活動資料その他説明資料を提出することができるものとする。
(出席人数)
第4条　公開ヒアリングに出席できる人数は、1団体4人以内とする。
(説明時間等)
第5条　申出団体に係る説明及び質疑応答時間は、1団体30分以内とする。
(公開ヒアリングの実施)
第6条　公開ヒアリングは、次に掲げる職ある者及び課等に属する職員で行うものとする
　(1)　市民活動支援担当部長及び次長
　(2)　財政担当部長及び次長
　(3)　市民活動支援担当
　(4)　財政担当
　(5)　要綱第9条で指定した担当課
　(6)　前各号に掲げるもののほか必要と認める課等
(公開ヒアリングの結果)
第7条　公開ヒアリングの結果は、公開ヒアリングの実施の日の翌日から起算して30日以内に要綱第12条後段に規定する通知書により、申出団体に通知するものとする。
(傍聴)
第8条　公開ヒアリングでは、何人も傍聴できるものとする。なお、誹謗、中傷等著しく秩序を乱した行動をとった者には、傍聴を拒むことができるものとする。
2　公開ヒアリングを傍聴しようとする者は、所定の場所で住所、氏名等を受付簿に記入しなければならない。
(事務所管)
第9条　公開ヒアリングに関する事務は、市民活動支援担当において処理する。

附　則
　この要綱は、我孫子市補助金等を受ける公募団体の選定及び手続等に関する要項の公示の日から適用する。

1　市民の徹底した参画と介入

補助金等決定までのスケジュール（2004年）

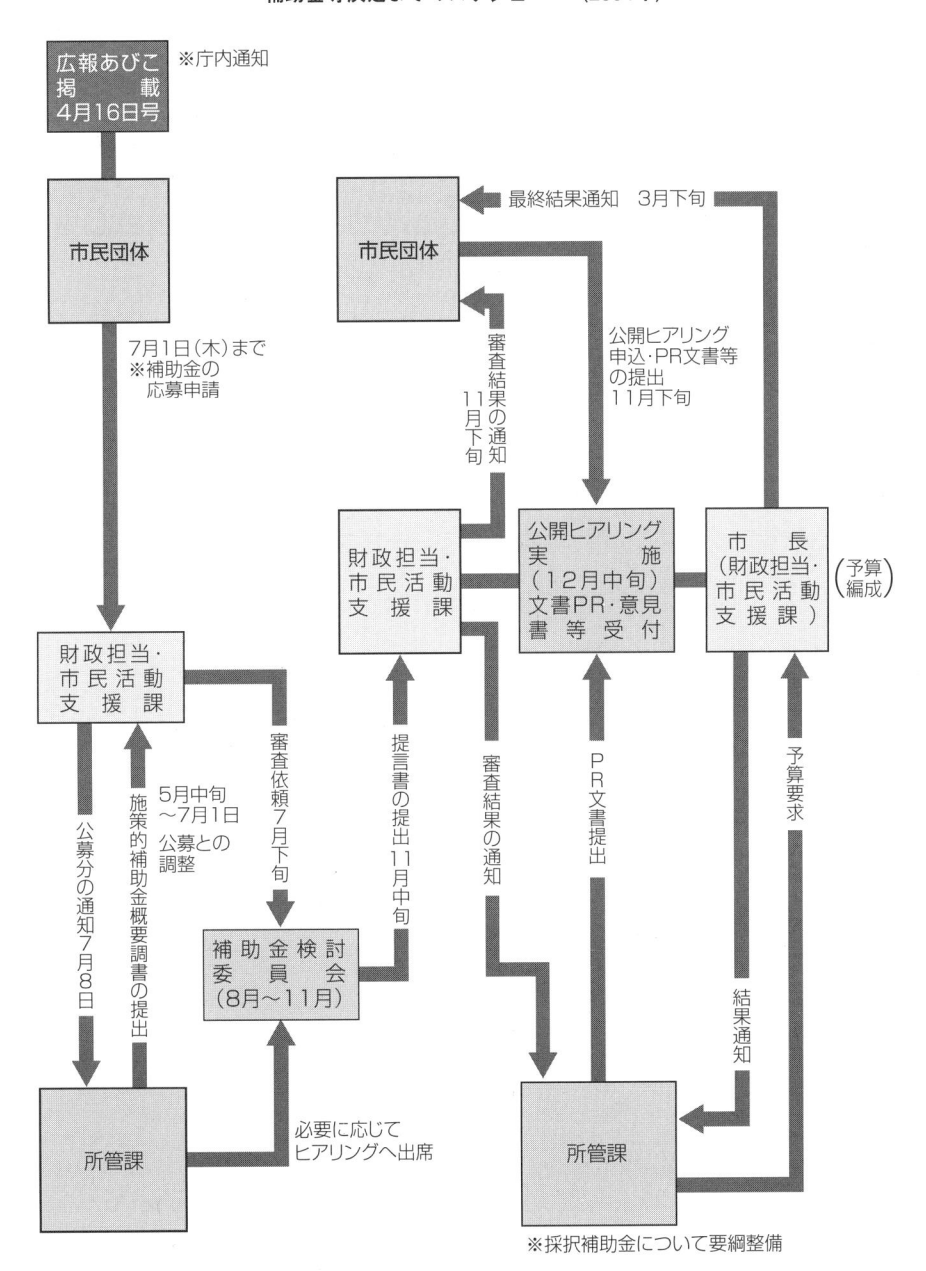

```
[広報あびこ掲載 4月16日号]　※庁内通知
        ↓
    [市民団体]
        ↓ 7月1日(木)まで
          ※補助金の応募申請
    [財政担当・市民活動支援課]
        │ 公募分の通知 7月8日
        ↓                    ← 施策的補助金概要調書の提出
    [所管課]　                5月中旬～7月1日 公募との調整
        │ 審査依頼 7月下旬
        ↓
    [補助金検討委員会（8月～11月）]
        ↑ 必要に応じてヒアリングへ出席
        │ 提言書の提出 11月中旬
    [財政担当・市民活動支援課]
        │ 審査結果の通知 11月下旬
        ↓
    [市民団体]
        │ 公開ヒアリング申込・PR文書等の提出 11月下旬
        ↓
    [公開ヒアリング実施（12月中旬）文書PR・意見書等受付]
        ↑ PR文書提出
    [所管課] → 審査結果の通知
        ↓
    [市長（財政担当・市民活動支援課）]（予算編成）
        │ 予算要求 ← 結果通知
    [所管課]
    ※採択補助金について要綱整備
        ↓
    最終結果通知 3月下旬 → [市民団体]
```

2 計画づくりへの参加・新たな試み

以前から最も一般的に行われていた「市民参加」は、市の計画づくりへの参加だろう。もっとも一時代前は、コンサルタントに委託して（丸投げ？して）作成した計画案を審議会に諮問し、2〜3回審議して「原案通りで了承」の答申をもらい、市民の意見を聞いたことにすることが多かったようだ。審議会の委員も、いつも同じようなメンバーが占めていた。審議会は市民の了解を得たという形を整える単なる「隠れ蓑」だ、という批判もよく耳にした。

私が市長に最初に就任した頃（1995年）は、審議会の委員を市民から公募で選ぶこと自体が新聞記事になるような時代だった。その後、計画づくりの市民参加も質的にずいぶん変化し、今ではほとんどの場合、委員会形式で計画の案づくりの段階から市民に加わってもらう。コンサルタントの活用も、市民との議論を深めていくための問題整理や資料の作成に、コンサルタントのノウハウを使うのが

1 生涯学習推進計画

生涯学習推進計画の策定では、まったく白紙の状態から、原案づくりを市民の策定委員会にお願いした。最初に行政としては何も示さなかったため、市民委員の皆さんは、戸惑いも混乱もあったと思うが、たいへんな苦労をしながら1年間かけて、市民の願いのいっぱい詰まった原案を作ってくれた。

この間、市教員委員会の職員は事務局として市民の作業をバックアップしたが、さらに生涯学習の分野で活躍している市民の中から2人を、計画策定期間中、市教員委員会

120

の非常勤職員（嘱託職員）として採用した。つまり、この分野に詳しい市民に行政の中に入ってもらい、職員の立場で、市民の議論のコーディネート役を務めてもらった。

こうして出来上がった原案を、そのまま市の計画として決定してしまうのでは"市民への丸投げ"になってしまう。市ではまず、市民の作成した原案を全庁すべての部署におろして検討した。生涯学習は、市役所すべての部署に関係し、全庁をあげて推進するものだからだ。

「あびこ楽校」が実現

こうして各課で検討した結果をまとめ、それを市民に示し、そこからまた約1年近くかけて、今度は市民と行政が一緒になり議論した。私も生涯学習推進本部長として、何回か議論に参加した。この過程で、市民参画で生涯学習を進めるユニークな推進母体「あびこ楽校」の構想も具体化した。

最初に市民委員が作った原案の中にあった「あびこアカデミア」から発展したものだ。

こうして作り上げた生涯学習推進計画を、シンポジウムを開いて広く市民にPRして、2003年にスタートさせた。「あびこ楽校」協議会も活動を始め、シンボル事業として生涯学習出前講座も行われている。出前講座は、市民がテーマを生涯学習出前講座から選び、講師が出向いていって話をするもの。市職員が講師を務める88のメニューと、市民講師による53のメニューがある（126〜129頁参照）。

② 子ども総合計画

2004年にスタートした「子ども総合計画」は、新設の子ども課を中心に、道路の担当も、公園の担当も、商工の担当も、市の全ての部署が横に連携し、市民と協力して、子どもの豊かな成長を応援しようという計画だ。「子どもたちの人間としての尊厳を守り、地域社会のすべての人が力をあわせ、自立する子どもの育ちを支援する」ことを基本理念に、300以上の事業を総合的に進め、「我孫子らしい子ども行政」の確立を目指していく。

また、この計画は次世代育成支援対策推進法に基づく「我孫子市町村行動計画」を兼ねている。全国でも最も早く作成された市町村行動計画の一つだが、内容も充実したものになったと自負している。

共同事務局と市民の委員会

この子ども総合計画の作成は、白紙から市民に議論してもらった生涯学習計画とは違う方法をとった。まず、子育て支援課、子ども発達センター、保健センター、社会教育課、学校教育課の5課で共同事務局を設置。共同事務局と私で、子ども総合計画の理念や目標、施策の柱などを何回も議論して基本方向をまとめた。その上で、それを市民委員と行政側の委員、合わせて26人で構成する計画策定委員会に提示し、そこからは自由に議論してもらった。

市民委員には、子どもに関わる活動をしている市民をはじめ、高校生や大学生も加わった。もちろん公募委員もいる。行政側からは各分野の本庁や教育委員会の職員と、保育士、保健師、学校の先生など現場で子どもに接している職員が参加した。また、小・中・高校生、保護者、教師を対象とした5,000人アンケート調査も実施した。

1年半の間、正式な会議だけで30数回にわたって熱心で真摯な議論を行ってもらった。そして、「子どもがこころ豊かに自分らしく育つまち」「子育てに楽しみや喜びが感じられるまち」「子どもの成長と子育てを社会全体で支援するまち」の3つを基本目標に、18の新しい事業を含め約

300の事業を体系化した計画が完成した。

「青少年健全育成」は使わない

この計画では、可能なかぎり子どもたちの視点から物事を考えるように努力した。とくに、大人が子どもたちを上から見て、大人が考える理想像を押しつけるという思考に陥らないように、計画の中ではあえて「青少年の健全育成」という言葉は一切使わないことにした。子どもたちがこの計画を読んで、自分たち自身の未来であると感じてくれたら、そして、私たち大人の真剣なメッセージとして受けとめてくれたら、と願っている。

また、子育て支援については、単に行政が子育てを「肩代わりする」計画ではなく、いかに家庭や地域の子育て力をアップさせていくか、という視点を大切にした。

たくさんの実体験を

さらに、計画の中で新たに取り組む事業では、子どもたちにたくさんの生活体験・社会体験・自然体験を提供できる地域の環境づくりを重視している。子どもたちが、自然の中で思いっきり遊んだり、地域の中で、さまざまな実体

2 計画づくりへの参加・新たな試み

子ども総合計画で新たに取り組む事業

◎子どもの権利に関する条例	「子どもの権利に関する条約」の精神に基づく子どもの権利に関する条例の制定に取り組む。子どもオンブズパーソン制度についても条例への位置づけを探る。
◎大人と子どもの討論会、子ども会議	大人と子どもが話し合う場や、子どもが意見を述べる場を設定する。
◎子ども版あびこ広場	子どもの意見を表明する場として、「広報あびこ」の1ページを子どもたち自身が企画・編集を行う。
◎宿泊通学事業	一定期間、共同生活をしながら通学して、働くことや協力することの大切さを経験する。
◎チャレンジウォーク	自主性、協調性、忍耐力を培うため、1週間程度の期間で、キャンプを行いながら、グループでゴールをめざす。
◎司書教諭と市民図書館の連絡会議	
◎学校図書室の充実	子どもたちの一番身近にある学校図書室の充実を図る。また、学級文庫の普及に努める。
◎学校図書室と市民図書館の連携	子どもたちが気軽に読書や学習ができる場として、学校休業日に開放する。
◎長期農業体験	畑の土作りから種まき、収穫まで行い、作物の成長をとおして自然から得る恵みの大切さを知り、生きる力を培う。
◎ボランティア活動の推奨	子どもが社会の一員として活動するきっかけづくりを行う。
◎子育て見守り隊員養成講座	人材の発掘と養成を行い、地域の持つ教育力を再構築する。
◎子どもの交流拠点	五本松公園の周辺一帯を多機能な要素を持つ子どもの交流エリアとしてとらえ、子どもたちが自由に集え、活動できる場として五本松運動広場に宿泊施設を整備する。
◎体験保育の充実	保育園や幼稚園の協力を得て実施している乳幼児との交流やふれあい体験をさらに充実させる。
◎世代間交流	高齢者をはじめ地域の大人との交流を通して、やさしさや思いやりの心を育てる。異年齢の人たちと触れ合う機会を提供する。
◎遊びの達人教室	昔遊びや自然の中での遊び方を子どもたちに教えてくれる人を登録し、子どもたちの活動の場で教室を開く。遊びをとおして世代間交流を図る。
◎子ども関連情報システムの充実	子ども全般に関する情報を提供する（インターネットを含む）。市民活動団体と連携していく。

目標事業量を定めた事業

事業名	現状→整備目標
計画的な保育園定員の拡大	1,330人→1,520人
一時保育事業の拡充	4園、定員40人→7園、定員70人
特定保育事業（週2・3日の就労に対応する保育）の実施	未実施→1園、定員10人
延長保育の拡大の試行	全園(14園)、19時まで→1園で21時までを試験的に
病児保育事業の充実	1カ所、定員4人→2カ所、定員8人
休日保育の実施	未実施→2園、定員60人
トワイライト事業（夜間養育事業）の実施	未実施→1カ所、定員4人
子どもの遊び場・親子の交流の場拡大	2カ所→4カ所
子育て支援センターの拡大	1園→2園

※現状の定員等は2004年1月1日現在
※学童保育・ファミリーサポートは施設・内容の充実

験をできるまちにしたいと思っている。そのための事業をいくつか紹介すると——

★子ども版あびこ広報

　『あびこ』の1ページを丸ごと、2か月に1回、子どもたちの自由な意見発表の場として提供する。小・中学校19校の子どもたちが順番で担当し、学校の紹介、グループの研究発表、将来の夢、大人への意見、どんな我孫子市にしたいかなど、自分達で自由に企画・編集する。2004年11月1日号からスタートした。広報の中に、いきなり手書きのページが登場したり、子どもたちの工夫や熱意が伝わってきて、毎回読むのが楽しみだ。

★ABIKOチャレンジウォーク

　子どもたち（小学校5年生から高校1年生まで）が6～7人のグループで、5泊6日でキャンプをしながら、筑波山から我孫子のゴールまで約60キロの距離を歩く。コースや食事、宿泊場所などもグループの話し合いによって決め、自分たちの力でゴールを目指す。子どもたちが自ら問題意識を持ち、自分で考え、決定し、解決していく力を身につけるとともに、集団の中で協調性や忍耐

力を身につけることを目標にしている。安全のため大人（ガーディアン）が1人グループに同行するが、道に迷っても口は出さず、見守りに徹する。子どもたちが「生きる力」を育む旅だ。

　公募の市民と市職員で実行委員会を作り、2005年8月に第1回を実施。実行委員には、大学生や学校の先生、定年退職した男性、子どもの活動団体のメンバーなど、さまざまな人たちが加わってくれた。そして参加した子どもたち26人が、見事に6日間を歩き通した。

　旅の間、子どもたちは自炊をしながら、民家と交渉して軒先にテントを張って野外泊をするなど、貴重な体験をした。本当にひとまわりたくましくなって帰ってきてくれた。

★遊びの達人教室

　子どもたちにグループでの野外遊びや折紙・竹細工などの伝承遊びを教えてくれる「遊びの達人」を登録して、子どもたちの集まる場に派遣する。パソコンやテレビゲームとは一味違った遊びで、子どもたちの豊かな感性を育てたい。「あびこ学校」と連携を図ってシステムづくりを進めており、2005年中には派遣を始める予定だ。

3 最終責任は市長

ここで紹介した「生涯学習推進計画」と「子ども総合計画」は、それぞれ異なる市民参加の手法をとった。2つの計画づくりの方法は、どちらが正しいというわけではない。これからも創意工夫しながら、内容にあった手法を見つけだしていきたい。

ただし、どんな市民参加の手法をとろうとも、市の計画策定である以上、最終的な責任を負うのは市長であることを曖昧にしてはならない。かりに、出来上がった計画に後になって重大な欠陥があることが分かったり、計画どおりにやったら失敗だった場合、「市民参加で決めたから」と言って、参加した市民の責任にすることは絶対に許されない。そして、最終責任が市長にある以上、最終決定権もまた市長にあるのである。

計画策定の委員会などで、時々、委員になっている市民から「私たちの意見は最終的にどのくらい尊重されるのか？ 私たちの意見どおりの計画になる保障があるのか？」と質問されることがある。これに対して、私はこう答えている。「市の計画であるから、最終的には市長の私が責任を持って決める。その過程で、市民の皆さんが持っているいろいろな知恵をお借りしたい、あるいは、当事者、利害関係者の意見を直接聞きたい、と思って皆さんに委員をお願いしている。皆さんの意見はできる限り尊重したいとは思うが、たとえ皆さん全員の一致した意見であっても、どうしても私が納得できなければ、最後は私の判断で決める。全責任を負うのは私なのだから。」

もちろん現実には、市民委員の意見をすべて否定したようなことは一度もないが、本質的な権限と責任の在り方は常に明確にしておく必要があると考えている。また万一、市長の責任で市民の委員会と別の結論を選ぶようなことがあったときは、当然、その事実とその理由を市民に明確にする。そして最終的には選挙で、主権者である市民全体の判断を仰ぐことになる。

第3章 市民が行政を変える

生涯学習出前講座　職員講師メニュー

「広報 あびこ」より

分類	No.	講座名	主な内容	担当
市政	1	8つの提案	自立したまちづくりのために何が必要か	市長
	2	市役所の仕事	市役所の組織と仕事	総務課
	3	市民と進める行政改革	行政改革の取り組みとこれまでの成果	
	4	統計調査ってなに？	統計調査の役割と重要性、統計からみた市	
	5	選挙制度について	選挙制度と啓発活動	
	6	あなたの声を市政に生かす	市の広聴制度	秘書課
	7	あなたにもできる広報紙づくり	広報紙のつくりかた	広報室
	8	あびこの情報公開	市の情報公開制度と行政情報資料室	
	9	契約事務のあらまし	契約の種類や内容、契約方法	管財課
	10	公共工事検査のしくみ	工事検査の進め方と工事成績採点	
	11	あびこの現状と将来像	市の歩みと現状、将来像（総合計画）	企画調整担当
	12	あびこの家計簿	市の財政状況	財務担当
	13	あびこの電子計算システム	市の電算化の歩みと電算システム	情報システム課
	14	住基ネットってどんなもの？	住基ネットシステムの概要と市の運用	住民課
	15	市県民税と所得税の申告	申告方法と税額の計算方法（7月から12月）	課税課
	16	固定資産税のしくみ	土地や家屋などの固定資産税のしくみ	
	17	市税を納付するには	納付方法と納付が困難な場合の市の対応	収税課
	18	農業委員会とは？	制度の概要と市農業委員会の組織や役割	農業委員会事務局
	19	あびこの監査	監査の仕事と市の主な監査	監査委員事務局
	20	議会のしくみ	市議会の構成と議会運営、議場見学	
健康・保険・福祉	21	国民年金のあらまし	制度の役割と被保険者の種類、給付の種類	国保年金課
	22	知っておきたい国民健康保険	国民健康保険と保険税	
	23	福祉総合相談室とは？	福祉の総合相談と各課との連携	福祉総合相談室
	24	あびこの福祉	保健福祉部の仕事と保健福祉総合計画	
	25	あびこの障害福祉	障害者のための福祉施設や支援費制度	
	26	生活保護制度について	制度の概要	福祉総合相談室
	27	成人後見人制度について		
	28	健康いきいき体操	健康体操、肩こり・腰痛予防体操	保健センター
	29	肥満を防ごう！体感！500kcalの食事	一食500kcalの献立実習	
	30	知って得する元気な歯	成人高齢者向けの歯みがき実習	
	31	乳幼児健康メニュー	乳幼児の食事やおやつの紹介と調理実習	保育課
	32	見てみたいなぁ、保育園・学童保育	公立保育園と学童保育室の施設・保育内容の見学	
	33	応援します、子育て！	保育園、学童保育、ファミリーサポートの紹介	
	34	子育てしやすいまち、あびこ	市の子育て支援サービス全般	
	35	障害者(児)施設の役割を学ぼう	障害者(児)施設の見学	生活支援課（あらき園）
	36	あびこの高齢者サービス	市の高齢者福祉サービス	介護支援課
	37	寝たきり予防健康講座	要介護にならないための健康管理	
	38	わかりやすい介護保険	制度の概要と保険料、市の現状	
生活・環境	39	賢い消費者になるために	悪徳商法への対処方法と具体例と対策	商工観光課
	40	ごみと資源	ごみの現状とリサイクル、施設見学	クリーンセンター
	41	手賀沼のお話	手賀沼の水質浄化と未来の手賀沼	手賀沼課
	42	地球温暖化の防止	市の施策と家庭でできる取り組み	
	42	あびこの農業	都市農業の取り組みと地産地消、農舞台	農政課
	43	災害に備える	災害時の対応と自主防災、共助	市民活動支援課
	44	交通安全について	交通事故にあわないための注意点	交通整備課
	45	あびこの浄水場	湖北台浄水場の高度浄水処理施設の見学	水・技術監理課
	46	あびこの水道	水道の役割と水の大切さ	水・経営管理課
	48	協働のまちづくり	市民と市の協働のまちづくり	市民活動支援課
	49	市民活動をはじめてみよう	市民活動をはじめるためのノウハウ	

126

2　計画づくりへの参加・新たな試み

分類	No.	講座名	主な内容	担当
生活環境	50	あびこのコミュニティーづくり	近隣センターを拠点としたまちづくり	市民活動支援課
人権	51	男女共同参画社会について	男女共同参画社会の取り組みの背景と市の男女共同参画プラン	男女共同参画担当
人権	52	「人権」てなぁ〜に？	人権とは何かを日常生活の中から考える	教・社会教育課
都市・建設	53	手賀沼景観形成重点地区	市民会議議案書のあらましと今後の手賀沼景観形成重点地区での取り組み	都市計画課
都市・建設	54	あびこの景観条例	市の景観条例と施行規制	
都市・建設	55	色彩と緑化ガイドライン	色彩と道路きわ緑化、2つのガイドライン	
都市・建設	56	まちの色彩	まちなみの色彩について考える	
都市・建設	57	まちの緑化	まちなみの景観の緑の大切さを考える	
都市・建設	58	都市計画から見るあびこ	都市計画全般（内容はご要望にお応えします）	
都市・建設	59	都市計画マスタープランってなに？	市の都市計画マスタープラン	
都市・建設	60	住む人が作る都市計画	地区計画にスポットをあて、きめこまやかな都市計画を紹介	
都市・建設	61	家の建つわけ（都市計画の視点から）	どんな都市計画の上に建築などが成り立っているか	
都市・建設	62	あびこの都市計画	都市計画法に基づく市都市計画の内容	
都市・建設	63	あびこの治水	治水のしくみ、金谷桶管施設の見学	治水課
都市・建設	64	区画整理とは？	市の区画整理の目的・現状・将来像	区画整理課
都市・建設	65	あびこの公園とみどり	公園や緑地の現状・将来像	公園緑地課
都市・建設	66	道のおはなし	市の道路事情とバリアフリー化、現地見学	道路課
都市・建設	67	下水道のある生活	下水道のしくみと役割	下水道課
教育・学習	68	教育委員会ってどんなところ？	教育委員会の組織と仕事	教・総務課
教育・学習	69	こどもの教育	学校教育の現状と課題	教・指導課
教育・学習	70	考古学からみたあびこ	考古学からみた我孫子の歴史	教・文化課
教育・学習	71	土器づくり体験	原始・古代の土器の製作体験（秋〜初冬）	教・文化課
教育・学習	72	火起こし体験	火の起こし方で古代〜近大の生活を体験	
教育・学習	73	自然体験・生活体験のすすめ	自然体験・生活体験の重要性	教・社会教育課
教育・学習	74	少年非行や少年の悩みを考える	少年たちが引き起こす諸問題や社会環境の実態、少年たちの悩みについて考える	
教育・学習	75	こどもと読書	絵本の選び方と読み聞かせ方、おはなし会	図書館
教育・学習	76	図書館の上手な使い方・楽しみ方	図書館の利用方法と各種本の紹介、おはなし会	
教育・学習	77	学ぼう！つくろう！仲間の輪	公民館の利用案内と主催事業	公民館
教育・学習	78	アビスタ探検隊	アビスタの見学	公民館・図書館
教育・学習	79	市民体育館施設見学	施設見学と市内体育施設の紹介	教・体育課
教育・学習	80	はじめてみよう！ニュースポーツ	ニュースポーツの紹介と実技体験	
教育・学習	81	あびこの学校給食	学校給食の献立紹介と調理実習（午後）	教・学校教育課
教育・学習	82	生涯学習のまち「あびこ」をめざして	推進計画に基づく基本的な取り組み	教・生涯学習担当
教育・学習	83	あびこの鳥	市内の自然環境と生息している鳥類	鳥の博物館
教育・学習	84	あびこの鳥観察会	手賀沼や岡発戸谷津田での鳥の観察会	
消防・救命	85	あびこの消防	消防業務の概要と消防署見学	消・総務課
消防・救命	86	住宅防火のすすめ	火災予防の話とビデオ、消火器取扱訓練	消・予防課
消防・救命	87	普通救命講習	緊急時のための普通救命講習会	消・警防課
	88	リクエストメニュー	市役所の仕事やまちづくりに関するメニューで、メニューにないもの	

※担当課名の「水・」は水道局、「教・」は教育委員会、「消・」は消防本部です。

第3章　市民が行政を変える

生涯学習出前講座　市民講師メニュー

「広報 あびこ」より

分類	No.	講座名	概要	原材料費等	開催曜日/時間
学習・教育・教養	1	はじめてのパソコン	操作のテニヲハでなく、パソコン自体の理解を目指す。後半実体験	フロッピー200円＋コピー代	応相談/応相談
	2	パソコンで作っちゃおう！	パソコンでカード、ラベル、シール、カレンダーなどを作る	実費	土、日、祝/応相談
	3	考えをまとめる楽しい思考法	課題にそって、思いつく言葉を書き込みながら整理する思考法	コピー代	火、水、木/13時～17時
	4	たのしい科学実験講座	体験型の科学実験、工作。対象児童、生徒に応じたレベルでの指導	実費	応相談/応相談
	5	さあ！読み聞かせをはじめよう！	おはなしを始めよう！子どもへ読み聞かせや素語りを	―	応相談/応相談
	6	自然と歴史　観察会「高野山ふしぎ発見」	「なーんかな？」と考えながら現地観察。まずモデル地区で体験	―	応相談/応相談
	7	前近代製鉄の正確な歴史大観	太古から18世紀までの「製鉄の歴史」を、時代を追って大観する	コピー代	応相談/応相談
	8	企業経営と知的財産	分かりやすい経営と知的財産の関係	―	土、日、祝/13時～21時
	9	嘉納治五郎をもっとよく知ろう	我孫子にとって「大事な人」・嘉納治五郎とはどんな人？（一般向き）	コピー代	応相談/応相談
	10	郷土が生んだ文化人たち	文化勲章受勲者4名、文化功労者2名の横顔（小中学生向け）	コピー代	応相談/応相談
	11	美しい野鳥観察	鳥の見分け方、名前、習性、特徴などを観察しながら説明	―	月、水、木、金/9時～13時（我孫子）
	12	地球温暖化とその防止について	地球温暖化とはどういうことか？その原因と防止について	―	応相談/13時～21時
	13	地球温暖化ってなに？	地球温暖化の問題点とその対策は？	コピー代	応相談/応相談
	14	生涯学習の方法	個人学習と集団学習の基本	―	応相談/応相談
	15	子どもの豊かな心を育てましょう	地域ぐるみの子育てが望まれているが、その施策等を学ぶ	―	応相談/応相談
	16	普通の子どもに育てるための講座	認知教育による子育ての理論と実践を学ぶ	コピー代	応相談/応相談
課程・生活・健康	17	悪徳商法にあわないために	狙われている高齢者のお金。だまされないために知っておきたい事	コピー代	応相談/9時～13時
	18	衣類の管理とクリーニング	衣類の知識と家庭洗濯の注意点。クリーニング店とのトラブル対応	コピー代	応相談/9時～13時
	19	子どもの食生活とおこづかいについて	おやつは食事の一部。親子の対話を生む。小遣いで金銭感覚を養う	コピー代	応相談/9時～13時
	20	病院と薬に頼らない健康づくり	体験にもとづいた生活環境づくりの具体的な実践例を提供	コピー代	水、土
	21	「くすり」との賢い付き合い方	新薬研究開発の経験を基に、薬との付き合い方を色々やさしく解説	資料代	応相談/応相談
	22	相続・遺言・相続税	これで安心、あなたの相続知識と戦略はととのった	コピー代	応相談/13時～17時
	23	マンションを建て替えするには？	マンションの建て替え手続き等（区分所有法・円滑化法の関係）	コピー代	応相談/応相談
	24	お隣と仲良く暮らすには？	隣地の樹木の越境等どうしたらいいの？（相隣関係）	コピー代	応相談/応相談
	25	都市型地震災害の教訓	宮城地震、阪神大震災を中心に視察状況を報告、説明	―	応相談/9時～13時、13時～17時
	26	はじめての編物・織物	あみもの小物類　マフラー等　編物日常使うもの　コースター等	実費	月、日、祝（応相談）/応相談
	27	木の実とスパイスで作る小物	木の実やスパイスを特殊なワイヤーやビーズで飾って小物を作る	1,000円前後	応相談/9時～17時
	28	パッチワークで簡単に出来る携帯用ケース	簡単なパッチワークで自分だけの携帯ケースを作ってみませんか	1,800円程度	応相談/9時～17時

2　計画づくりへの参加・新たな試み

分類	No.	講座名	概要	原材料費等	開催曜日/時間
課程・生活・健康	29	将棋の指し方	小学生〜高齢者まで、初心者の方対象とした将棋の講座	要将棋一式	応相談/9時〜17時
	30	生活の中のカラー遊び	意識してはいなくても生活にかかわりの深い「カラー」と遊ぶ	―	火/9時〜13時
	31	パーソナルカラー入門	似合う色って何？パーソナルカラーって何？そんな疑問にお答え	―	火/9時〜13時
	32	やさしい七宝焼きで携帯ストラップをつくろう	好みの色で、きらきらと美しい携帯ストラップを作る	1,000円〜	応相談/13時〜17時
	33	楽しい俳画	淡彩または墨で軽妙に描くもので、どなたも楽しくすぐ上達	600円	応相談/13時〜17時（我孫子・天王台）
	34	木の笛〜コカリナを吹いてみよう♪〜	木のもつ自然の音色を楽しむ	―	土、日、祝/応相談
	35	楽しいハーモニカ	経験等によってクラス分けし、練習	要ハーモニカ	応相談/13時〜17時
	36	懐かしいハーモニカを吹いてみませんか	『ポケットに入るオーケストラ』ハーモニカ。皆さんもどうぞ！	要ハーモニカ	応相談
	37	ハーモニカの吹き方	ハーモニカ初心者向けの講座。基本をしっかり指導	要ハーモニカ	応相談/13時〜17時
	38	ロックソーラン＆よさこいソーラン	踊りの流れと動作を覚える。ソーランの楽しさを感じてもらう	―	応相談/9時〜13時
	39	我孫子の風景をはがきサイズで描く	水彩など好みの画材を用いて、身近な景色を小さな絵にして楽しむ	100円程度	月、木、土、日、祝/9時〜17時
	40	絵手紙で四季を楽しむ	野菜や花をモチーフに運筆の練習後、画仙はがきに2〜3枚制作	100円程度	月、木、土、日、祝/9時〜17時
	41	銀の指輪を作ってみよう	銀の硬さややわらかさ、美しさを体験	1,000円〜1,500円	月、火、金/13時〜21時
	42	改めて自分の名前を書いてみよう	丁寧に手早く書けて、見栄えのよいわたしの名前	500円程度	応相談/(応相談)
	43	暮らしの書道	手紙、あて名書、のし袋、のし紙、ハガキ、年賀状、暑中見舞指導	コピー代	月〜日/13時〜17時（天王台）
	44	お茶をたのしむ	茶の湯を体験しましょう（お茶のいただき方、作法、茶花観賞等）	500円程度	木、土（応相談）/応相談
	45	お茶を楽しむ会	裏千家茶道をしてみませんか。まず菓子と抹茶を頂いてみよう	500円程度	応相談/応相談（我孫子）
	46	子どもの俳句	我孫子の自然を子どもの目でしっかりとらえて俳句を作る	実費	火、水、木、土、日/9時〜13時
	47	白石と芭蕉	新井白石と松尾芭蕉がなぜ偉いかをわかりやすく説明	コピー代	火、木、祝（応相談）/13時〜17時
体操・スポーツ	48	かんたんエアロビクス	軽く体を動かしたい方、体力に自信がない方に最適	―	応相談/応相談
	49	バランスボールを使った有酸素運動	ボールで遊びながら自然と体力とバランス感覚が身につく	バランスボール1個500円	応相談/応相談
	50	みんなで日常ながら運動	デスクワークしながら、パソコンしながら、通勤電車、生活ながら運動	―	月、土、日（応相談）/応相談
	51	子どもでも使える護身術	家族皆で覚え、連れ去り犯罪から子どもを護(まも)ろう	―	土/9時〜13時（湖北、新木、布佐）
	52	ゆっくり健康空手	全身ストレッチ、空手の基本動作。形をゆっくりゆっくり反復	―	月、木、金、土、日、祝/13時〜17時
	53	高齢者の転倒予防体操	立位で行う。いすで行う。床の上で行う。ウォーキングの基本	―	月、土、日（応相談）/応相談

※開催曜日/時間で地区名の入っている講座は、その地区内のみ開催します。

3 実行への参加・手づくり公園事業

実は、計画づくりへの市民参加以上に、計画の実行段階での市民参加に力を入れたいと考えている。その一例が、市民手づくり公園事業だ。

我孫子市内には約170カ所の公園がある。大半は住宅地の中にある小規模なもので、住宅開発のとき事業者が整備して市に移管したものが多い。同じような遊具や砂場があるワンパターンの公園で、あまり利用されていない所もある。そこで公園のリニューアルを市民と一緒にやることにした。

まず、公園周辺の住民の皆さんで会を作り、どんな公園にしたいか話し合い、自分たちで設計図を書いてもらう。そして、公園づくりの材料費は市が負担するが、公園整備の作業は、重機などが必要な一部の作業を除き、住民自身の手でやってもらう。数か月をかけて、延べにすると何百人も参加し作業が行われる。

こうして出来上がった公園は、愛着を持って利用され、「もちつき大会」など公園を利用した新たな地域の活動も生まれている。また、日頃も住民の手で大切に管理されている。"公園おじさん"のような人が現われ、自主的に公園の清掃や見守りをしてくれたりする。"公園おじさん"は子どもたちにも人気で、おじさんに会いに子どもたちが公園にやってくる。

行政ではできない公園に

我孫子市で最初の市民手づくり公園では、パイプと網で手作りのミニサッカーのゴールを作った。市役所だけで行う公園整備では、決して小さな公園にサッカーゴールを置こうということにはならない。「子どもたちがサッカーをやっていると、高齢者が公園に入れない」「ボールが転がって事故になる危険性がある」と考えてしまう。

3 実行への参加・手づくり公園事業

しかし市民手づくり公園では、公園を利用する住民自身が「この公園は子どもたちがサッカーをやってもいいことにしよう」と決めたから、ゴールの設置が可能になった。小さな事例かもしれないが、市民の参加により今までと質の異なったまちづくりが成功した例だ。

残念ながら、その後、このサッカーゴールは廃止になった。あまりに子どもに人気がありすぎて、他の地域からも子どもたちがサッカーをやりにきた。それは良いのだが、使われすぎてすぐ壊れてしまう。その後何度も修理されたが、いちばん熱心にサッカーをやっていた子どもたちが中学生になったということもあり、3年間で廃止された。またどこかの公園で復活してほしいと思っている。

サッカーゴール

市民参加の広がり

我孫子市○○計画策定への参加となると、普段から市政への関心の強い人に限られがちだ。これに比べ、具体的なまちづくりの実行への参加は、今まで特に市政へ関わったことの無い人も、「ちょっと楽しそうだ」「参加した分だけ目に見えてまちが改善される」ということで参加してもらえる。実際、真夏の炎天下の公園づくりなど大変だと思うが、それでも大いに楽しみながら作業をやってもらっている。そして、そこに参加した人たちが「まちづくりはなかなか面白い」と思ってくれると、今度は計画づくりにも参加してみようか、それでは今度は計画づくりへの市民参加もより層の厚いものになるはずだ。

第3章　市民が行政を変える

手づくり公園　一覧　　　　　　　　　　　　　　　我孫子市資料：「手づくり公園の概要」より

1998年度

■並木1号・2号公園（実施団体：並木まちづくりの会　会員数：16名）
地域でグランドワーク活動を行うために結成された「並木まちづくりの会」が中心となり、並木1号・2号公園でモデル事業を行いました。公園には、手づくり花壇やミニサッカーゴール、ベンチ、東屋、園名板等が設置され、披露会も開催されました。平成11年度には、並木1号公園に手づくり花壇や収納庫が作られたほか、並木2号公園では、丸太と角材で作ったキリン、シマウマ、ダチョウ等の木製遊具が設置されました。平成12年度は、藤棚の整備や樹木の剪定が行われました。現在、花壇の手入れや草刈り、公園清掃等が定期的に行われています。

1999年度

■都1号公園（実施団体：布佐三丁目緑と花の会　会員数：46名）
都1号公園の清掃を積極的に行ってきた布佐三丁目自治会の協力を得て、同自治会の有志で結成した「布佐三丁目緑と花の会」がモデル事業を行いました。公園には、手づくり花壇や園名盤、竹垣、収納庫等が設置され、披露会も開催されました。平成12年度には、藤棚が設置されました。現在、花壇の手入れや草刈り、公園清掃等が定期的に行われています。

2000年度

■湖北台2号公園（実施団体：湖北台2丁目交流推進の会　会員数：18名）
湖北台2丁目の住民が中心となり、市民手づくり公園活動団体として3団体目となる「湖北台2丁目交流推進の会」が結成されました。公園には、手づくり花壇やベンチ、収納庫等が設置されました。現在、花壇の手入れや草刈り、公園清掃等が定期的に行われています。

■つくし野2号公園（実施団体：つくし野北自治会花と緑の会　会員数：30名）
つくし野北自治会が中心となり、市民手づくり公園活動団体としては4団体目となる「つくし野北自治会花と緑の会」が結成されました。公園には、地域住民の憩いの場となるパーゴラや手づくり花壇が設置されています。現在、花壇の手入れや草刈り、公園清掃等が定期的に行われています。

2002年度

■新木道崎緑地（実施団体：癒しの里づくりの会　会員数：36名）
新木、古戸地域でまちづくり活動を行っている「癒しの里づくりの会」が5団体目の市民手づくり公園活動団体となりました。公園には、手づくり花壇と物置が設置されています。現在、花壇の手入れや草刈り、公園清掃等が定期的に行われています。

2003年度

■湖北台7号公園（実施団体：湖北台9丁目自治会花と緑の会　会員数：17名）
湖北台9丁目自治会が中心となり、市民手づくり公園活動団体としては6団体目となる「湖北台9丁目自治会花と緑の会」が結成されました。公園には、手づくり花壇（手づくり公園では最も大きい花壇）、タイヤ飛び、丸太渡り等が設置されています。現在、花壇の手入れや草刈り、公園清掃等が定期的に行われています。

2004年度

■平和台3号公園（実施団体：布佐平和台3号公園花と緑の会　会員数：12名）
布佐平和第3兆目にお住まいの方が中心となり、市民手づくり公園活動団体としては7団体目となる「布佐平和台3号公園花と緑の会」が結成されました。活動の趣旨は、地域住民の目線で地区に相応しい公園づくりを自らの手で行うことです。

■新宿南公園・新宿北公園（実施団体：シティアグリーンクラブ　会員数：35名）
シティアグリーンクラブは、851戸の集合住宅「シティア」の緑化活動を行うために結成された団体です。市民手づくり公園活動団体としては8団体目になります。シティアグリーンクラブでは、我孫子新宿南公園と我孫子新宿北公園に季節感のある花木等を増やし、彩りあふれる公園づくりを行うことを目指しています。

4 異質で多様な人材の確保

1 民間経験者の採用

我孫子市は職員採用で、事務職(上級)や専門職の受験資格の年齢上限を35歳としており、社会人を積極的に採用している。即戦力というだけでなく、市の職員として行政サービスやまちづくりの仕事に取り組むうえで、民間企業での経験や実社会での体験は、かけがえのない財産だと考えている。実際に、有名電気メーカーのプログラマーから転身して福祉総合職として入った女性、大手ゼネコンの設計室から、ぜひ都市計画の仕事がしたいと建築技師として入った男性など、多くの民間経験者が活躍している。

職員研修などの機会に若手職員と直接話してみると、もちろん新卒で入った職員にも、本当に採用して良かったと実感できる素晴らしい人材は多いが、一般的には民間経験者の市民感覚を持った市役所をつくるには、一人ひとりの職員がより一層、市民感覚を磨かなければならない。それと同時に、外部から様々な人材を市役所に迎え入れ「外の血」を導入することが大切だと思っている。

2002年4月にオープンした我孫子市生涯学習センターのセンター長(部長クラスの職)には、生涯学習のスペシャリストを外部からスカウトした。現在、「あびこ楽校」の校長(推進協議会会長)として、市民と協働で進める生涯学習の中核となって頑張ってもらっている。

市の「鳥の博物館」の館長も㈶山階鳥類研究所の広報室長にきてもらった。2005年4月に採用したばかりだが、早速これまで培ってきた全国的な人脈や地域の市民とのネットワーク、研究者としての豊富な経験を生かして活躍してもらっている。さらにこの他にも、いろいろな方法で多様な人材を確保するように努めている。

第3章　市民が行政を変える

方が、簡単に「役所的雰囲気」に同化せず、市役所の仕事にいい意味での疑問や問題意識を持ち続けてくれている。現在はまだ市役所の中で"点"だが、やがて人数が増えて"層"になったとき、市役所を変える大きな力になると期待している。

② 女性の採用

さらに市では2002年から、36歳から45歳までで民間企業等の経験が5年以上ある女性を対象とした職員採用を、通常の採用とは別に始めた。

我孫子市は、過去に職員採用が男性に偏っていた時期があり、この世代の女性職員が極端に少ない。現在では考えられないことだが、1975年から10年間ほど、一般事務職の受験資格を男性に限定していたのだ。女性職員の採用は、こうした過去の差別を是正する「ポジティブアクション」(男女雇用機会均等法第9条)として位置付けている。

子育て後、仕事に本格復帰

本来ならば、女性も男性も希望すれば働きながら子育てできる環境を整えなければならない。もちろんその努力は最大限行っていく。しかし現実には、結婚や子育てのため、民間企業などをいったん退職する女性は今も少なくはない。結婚即退職というケースは最近では減ってきたとはいえ、一人目の子育ては仕事と両立してがんばったが、二人目の子どもができて退職した、というような話は依然として多い。そして、退職するのは99%女性だ。

こうした女性が、その後、子育てが一切ついついた時期に、自分の能力や経験を活かしてもう一度本格的な仕事に復帰しようとしても、女性を取り巻く雇用環境はたいへん厳しい。パートの仕事か、うまくいって派遣職員か契約社員ということが多いのではないだろうか。こうした女性に、きちんと本格的な仕事復帰の道を開こうというのが、女性採用のもう一つのねらいだ。我孫子市役所だけではささやかな取り組みでしかないが、一つの突破口になればと願っている。

2002年は、2人採用に対して全国から652人が受験。いかに仕事への本格復帰を求めている女性が多いか再認識することになった。2003年以降は少し落ち着いたが、それでも各職種の中で最高の倍率だ。そして、通常の採用では得られないような人材が採用できている。これから、分権時代のまちづくりを進める貴重な戦力になってくれるはずである。

5 問われる市民の自治能力

地方分権を実現していくためには、また、市民と行政の協働を進めていくためには、市民も自治能力を高めることが必要不可欠だ。市民の自治能力とは何か。一言で言えば、異なる立場、異なる意見、異なる利害関係を持つ市民同士がきちんと対話して、議論の中で、お互いに納得できる合意を自ら作り出していく力だと考える。

残念ながら多くの場合、市民は異なる意見を持つ人と対話するのを避ける傾向があると思う。我孫子市民の水準は決して低くはない。むしろ高いレベルにあるはずだが、それでも全体として見ればそういう傾向がある。お互いに話し合うよりも、それぞれが自分たちの意見に沿って行政が動くように市役所に要求する。そのほうが楽なのだろう。市民同士が議論するとなると、なによりも自分の発言に責任を持たなければならない。少し勝手な発言をすれば「エゴだ」と批判されるかもしれないし、事実と違う発言をすれば「あなたはいい加減だ」と責められるかもしれない。その点、行政には何を言っても言いたい放題、というところがある。行政も悪いのだが…。

陳情政治の延長 or 自治に向けた参加

市が水害解消のため、上流で降った雨を一時的に貯めこむ雨水調整池（貯水池）を作ろうとした時、浸水被害を受けている下流の住民と、直接水害は受けていないが近くに調整池ができる上流の住民の意見が、賛成と反対に分かれた。べつに上流と下流の住民で議論してもらうとまで考えたわけではなかったが、お互いの意見を知ってもらったほうが良いだろうと思い、それまで上流と下流で別々に開いていた説明会を、一度、両者合同の説明会にしてみた。そうしたら、「市長は住民同士をわざと対立させようとしている」と強烈な抗議を受けることになった。

第3章 市民が行政を変える

市民参加を本当に行えば、市民同士の対立も起こる。市民の中には様々な価値観や意見があるし、立場によって利害も異なるから、当たり前のことだ。昔は、こうした対立が起こりそうなテーマは市民参加に向かないと考えられていた。行政は「この問題で市民参加を求めると、市民の対立が起こって収拾がつかなくなる」「だから行政だけで決めるしかない」と言ってきた。しかし、市民の意見が分かれるテーマこそ、市民が参加して議論することが必要なのだ。利害対立の無い問題での市民参加は、いわば〝練習問題〟に過ぎない。

ただし、いくら徹底して市民への市民参加を進めても、参加した場でまた、それぞれの市民がそれぞれの意見で行政に要望しているだけであれば、どこまで行っても陳情政治の延長だろう。参加した場で、異なる意見を持つ市民同士がきちんと対話をして合意を生み出してこそ、市民自治につながる参加になる。

行政職員も、市民がきちんと議論をしていけるようにコーディネイトしていかなければならないが、まだまだ不慣れであり力不足だ。ではどうすれば、こうした力を身に付けることができるだろうか。机の上の研修だけでは無理だ。行政も市民も、実際のまちづくりの中でたくさん失敗し、何回も混乱を経験し、試行錯誤を繰り返しながら、実践を通して成熟した自治能力を身につけていくしかないだろう。そして、その時はじめて真の分権の時代がやってくる。

6 市民の直接参加と議会制度

市民との協働を進め、行政への市民の直接参加を徹底して行っていくと、それは議会＝間接民主主義を否定することになるのではないか、少なくとも議会を軽視することになるのではないか、という疑問が出されることがある。

これは、まったくの誤解だと言わなければならない。なぜなら、市長が直接参加しているのは、〈政策立案〉や〈執行〉など市長の権限の部分に対してであるからだ。議会の権限へ参加しているわけではない。だから、市長が「自分の権限へ参加される」と心配するならまだ分かるが、議会との関係を心配するのは筋違いだ。

ただし、本来の議員の仕事ではなく、個々の具体的な行政の仕事について介入して（市長の執行権に介入して）、自分の支持者に利益誘導し、それによって集票するようなことを中心に活動している議員がいるとすれば、こうした所に市民が参加してガラス張りになると、たしかに

「議員活動」がやりにくくなるだろう。こうした場合は、「議員の権限が奪われた」と感じても、まったく根拠が無いわけではないかもしれない。ただし、それは本来の議員活動ではない。やりにくくなって当然だろう。（我孫子市議会をはじめ先進的な議会には、そんな旧態依然とした活動をする議員はいないと思う。）

むしろ、これからは議会も、本来の議会活動へ積極的に市民の参加を進めたら良いのではないだろうか。現行の制度の中でも、議案を審議する際に市民の公聴会を開催することができる。しかし実際には、自治体議会ではほとんど開かれていない。また、地方分権の時代の自治体議会として、行政のチェックや行政への要求だけでなく、自ら議員提案で条例を制定していくことが重要になるはずだ。市民の中にはさまざまな分野の専門家がたくさんいる。議員立法をする過程でこうした市民の有識者の知恵をおおいに借

137

りたらいいのではないかと思う。

間接民主主義と直接民主主義

市民が直接参加しているのは、市長の権限の部分なのだから議会の権限を侵すものではないと言ったが、住民投票に限っては、市長の権限への参加に限らず、議会の決定権にも一定の制約を与える。第4章で我孫子市市民投票条例について述べるが、投票の結果が定められた条件を満たせば、市長だけでなく議会にも尊重義務が生じる。

しかし、そもそも間接民主主義というものは、現代社会において市民の生活形態や人数の問題から直接民主制を採ることが不可能であるので、止むを得ず採用しているものだと理解している。だから、少しでも直接民主主義の手法が取り入れられるのなら、優先して取り入れるべきではないだろうか。現実の手段としては直接民主主義は間接民主主義の補完だが、本来の価値としては直接民主主義は間接民主主義より上位だと考える。

間接民主主義で、議員を市民の「代表」と呼ぶのは錯覚を生み出すように思う。市長も同じだ。「代表」となると一般の人より偉いから、「代表」が決めることに一般の人

が制約を与えるのはよくない、という錯覚だ。生活クラブ生協出身の市民ネットワークの議員さんは「代理人」と呼ばれているが、実にうまい呼び方ではないだろうか。もちろん、特定の利益集団の代理人であってはならず、市民全体の代理人でなければならないが、議員（市長）は、市民の「代理人」「代行者」と言ったほうが正確だと思う。「代理人」であれば、本人＝主権者が意思表示しているのに、「代理人の方が優先だ」という発想は出てこない。代理人は本人の意志に従えば良い。（蛇足だが、一人の市民が行政に対して、自分は税金を払っているから何でも自分の言うことを聞け、というのが正当化されるわけではない。あくまで主権者総体としての意思表示の話をしている。）

対談『市民とのぶつかりあいから生まれた新しい行政』

岸本幸子　パブリックリソースセンター理事　×　福嶋浩彦　我孫子市長

岸本　市民自治ということでトップランナーを走っていらっしゃる我孫子市の市長さんにお目にかかれて、大変光栄です。どうぞよろしくお願いいたします。

福嶋　こちらこそどうぞお願いします。

岸本　私は、パブリックリソースセンターという小さなNPOを動かしているわけなんですけれども、その中で今、協働という言葉が全国の自治体で非常に言われています。でも本当の協働って一体何なんだろうかというのをいつも考えているところです。そういう意味で、福嶋さんが市民自治という言葉と行政を変えていくということ、あるいは本当の協働とはということをトライしていらっしゃるというので、きょうはその辺のところをゆっくりお話を伺いたいと思いますので、どうぞよろしくお願いします。

福嶋　協働というのは、長所・短所とか、目的とかが全く異なる性格を持ったもの同士が、お互いの長所を生かして、同じ目標に向けて対等な関係で連携していくことだと思っています。

この、行政と市民の協働と言うときの「市民」とは、有権者、主権者総体としての市民という意味で使って

いません。NPOとかボランティアとか具体的な活動をしている市民をイメージしています。「主権者としての市民」と行政が対等な関係というのはあり得ませんからね。主権者のほうが上です。

それにしても、何となく協働という言葉が「流行」しているように思いませんか。

岸本 はい。

福嶋 一時期、市役所の文章でもやたらと協働って書いてあるんですよ。だけれども、この中身何って聞くと、今までの単なる市民参加と何も変わらない。ただ市民参加といっていたのを協働という言葉に変えて、さも何か質が深まったような印象だけ与えている。さらに、協働っていいながら行政が臨時職員やアルバイトを使うかわりにNPOやボランティアを使って安上がりにやる。これは絶対におかしい。一方、市民の側も、我孫子市はいつも協働って言っているんだから、自分たちの活動に補助金くれて当然でしょうとか、協働なんだから事務局を市でやってくださいよとか、連絡先を担当課にしてくださいとか、そんなことがたまにあります。お互いに、協働を自分に都合良く考えて

しまう。

福嶋 もたれ合いがすごく出てきて、お互いに依存する関係になってしまうと、本来の意味とは逆になってしまうなという気がするんですね。協働というのはお互いがちゃんと自立した上でじゃないと成り立たない関係なんです。

それから、最終的な決定権と最終的な責任をだれがどう持つのか、あるいは分担するのか、そういうことを常に明確にしながら市民と行政の関係をつくらないと、本当の協働にはなっていかないなと思っています。そういうことを踏まえながら、私は、協働の関係の一番基本は、何も一つの事業や活動を一緒にやるということではないと思うのです。行政は行政の仕事をきちっとやり、NPOはNPOの自分の活動をきちっとやる。行政が支援することもありますけれども、基本的には自分たちのお金で自分たちの責任でやりますと。お互いが自立して、独自に自分の責任でやりながら、大きくは同じ目標に向けて、例えば高齢者や障害者の自立した生活を支える、あるいは我孫子のシンボ

《対談》VS岸本幸子パブリックリソースセンター理事

ルは手賀沼なんですけれども、手賀沼の水質の浄化、自然の再生を目指す、そういう大きな目標に向けてお互いが連携している。

こういうのが、一番協働の基本形ではないかと思っています。

その上で、本当に責任を分担して一緒に一つの事業をやることも中にはあるでしょうし、あるいは行政の事業に参画してもらうことや、あるいは行政の事業を委託することもあるでしょう。

ただ、行政への参画だとか、委託だとかを協働の中心だというふうに思ってしまうと、大きく基本的なものが見えなくなって、何か協働が狭いものになってしまうな、という気がすごくしているんですよね。

岸本 なるほど。お互い自立していること、自立した存在であることが大前提だということなんですよね。

そうすると、自立した存在でそれぞれ事業をしていて、かつ違う能力を持っている行政とNPOというのがあると。それが出会って、一緒にやることによって期待されることってどういうことなんですか。その協働によって何を期待しているんですか。

141

第3章 市民が行政を変える

福嶋 大きな目標を実現しようとするときに、それぞれの得意分野、性格が違うことによって、やれることが違うと思うんですね。協働ということの、二者の関係ではなくて、働きかける第三者があります。高齢者とか、子どもだとか、あるいは自然環境だったりしますが、働きかける第三者にとって必要なものを提供しようとするとき、行政がすべてやってもうまくいかないし、NPOが全部やろうと思ってもうまくいかない。それだから、できないところを補い合って、お互いがちゃんと連携をしながらやることがすごく大切だと思うんですよね。

岸本 福嶋さんは、行政というのは最大のサービス産業であるということもおっしゃっていますよね。今の協働の話でいくと、結局市民がそれを求めている、市民に対して多様で質の高いサービスを提供していくためには、行政だけじゃだめなんだと。違う能力のものと、それぞれ違う能力を提供することで、最終的な受益者、市民に満足度を与えると、それが一つやっぱり協働から見えてくる、期待される効果ということでしょうかね。

それと、協働でおもしろいことというのは、NPOと行政がそれぞれ違うことを違う能力でやっていても、お互いに影響を与えることができますよね。変わっていくんじゃないでしょうか。

福嶋 確かにそうですね。お互いが何かやることによって、自分の足りないところに気づかされますから。同時に、限界も見えてきたりするんですよね。

岸本 そうですね。

福嶋 そのときにNPOの力が必要だったり、行政の力が必要であったりすると思うんです。

岸本 NPOは、行政のサービスの、どの部分を担うのかというのは、国によってみんな違うと思うんです。例えば、アメリカのようなもともと国が福祉を担うという考え方の薄い国においては、本当にミニマムのサービスの底辺のところを実は支えていたりするところもある。だけれども、日本のことを考えると、やっぱり基本的な部分を支えるところというのは、かなりの部分まで行政が担っていて、NPOの役割というのは、そのプラスアルファの豊かさの部分であったり、あるいは非常にターゲットの小さい、特殊なというん

142

《対談》VS岸本幸子パブリックリソースセンター理事

でしょうか、小さな人数を持っている集団に対して何かサービスを提供するところであったりという関係なのかなと思っているんですね。

福嶋 福祉のサービスというのは、行政のサービスの一番基本のようにみんな思っているんですけれども、実際のサービス提供は、昔からかなりの部分を社会福祉法人などに委託してきた。特に介護保険や障害者の支援費制度が始まった中では、基本的なサービス事業者は完全に民間セクターですよね。行政は保険者として、あるいは制度の運営者として責任を果たす。医療の分野では前から、公立の病院を持っているところは別にして、病院や医院はほとんど民間ですよね。市は国民健康保険制度を運営するという役割を持っています。福祉もそういうふうに転換をしてきていています。福祉サービスというのは実は行政が直営でやっている分野ではないんです。

もちろん、基本的な最低ラインはやっぱり行政の責任ということはあるわけですけれども。

岸本 要は、財源的なものは保険であれ税金であれ、公的な資金が投入されて、実際にサービスを提供する

のはNPOがやるという分野が徐々に広がっていると言えるんでしょうね。

福嶋 そうですね。

岸本 恐らくこれからは保育ですとか教育だとか、そういう分野でも、それから環境の分野でも起きていますよね。どんどん広がっていくんだろうなと思いますね。

それから、一つ例を挙げれば、障害者のサービスでも、NPOがサービスをやるときは、障害者というのは本当に多様なわけですから、どの部分を対象にしてもいいわけですよね。一番自分の身近にいる人たちにサービスしますということで。

岸本 ええ。

福嶋 障害が重い軽いという言い方は本来はよくないと思いますが、便宜的に使わせてもらえば、軽い人だけを対象にしてサービスをして、重い人は無理ですといっても、それはNPOはオーケーなわけですよね。

岸本 そうです、それは行政はできない。

福嶋 行政が重い人を放っておいて軽い人のサービスだけしますと言ったら、それはおかしいと言われてし

第3章 市民が行政を変える

まうわけです。そういったところも行政とNPOの特長が出るところだと思うんです。ただし、行政がもう一回問い直してみないといけないのは、じゃ本当に行政はそういう重い人から、大変なところからちゃんとやっているのかというと、行政がやっているのは実は法律に合う人であって、法律から外れてしまう人、法律の谷間になっていて一番大変な人とかは、NPOや民間、あるいは無認可のところが背負うことになっていないのか。本当に行政がちゃんと責任果たしているのかどうかは、常に問い直さないといけないと思っています。

岸本 そうですね。いつも協働の話をすると、じゃNPOと行政というのは補完関係という言葉を使っていいんでしょうかとか、モザイク状というお話をすると、行政が一番大きな真ん中の部分を担っていて、周りのすき間をNPOが埋めているんでしょうかとかいう議論が出てくるんですよね。基本的には、私は何が基本的なサービスで、じゃそのほかの部分はだれが担うのかというのは、歴史によって、時間によってどんどん変わってくるという視点を持つことが大事なんじゃな

いだろうかというのと、それから担い手が行政だけではないということについての意識変革というのが基本的にないと、協働って難しいんじゃないだろうかというような議論をしているんですよね。

特にNPOを活動で見ていると、新しい活動が出てから、それが社会的な問題だと認められるまで、大体10年間ぐらいかかる。不登校にしても、登校拒否という言葉から始まって、これは子どもの問題ではなくって言われるまでに10年かかる、DVの問題、家庭内暴力の問題も、これは個人の問題ではないと言われる療という領域があるというのに認識が至るまで、恐らくこれから10年ぐらいかかるだろうという感じがしていまして、まさにその先駆的な部分を当事者が担っているという構造を忘れてはいけないのかなという感じがしますね。

福嶋 当事者とNPOが担い、そのうち自治体がやり。

岸本 自治体が、うん。

福嶋 自治体がやり、やがて国がやり……。

岸本 国がやり。

144

《対談》VS岸本幸子パブリックリソースセンター理事

福嶋　NPOが最後は国を動かす、そういう構造というのはあるわけですね。

岸本　そうですね。

福嶋　補完という言葉は、お互い本当に補完し合うということでは、間違いじゃないかもしれないけれども。

岸本　そうですね。

福嶋　補完という言葉を使うと、何かちょっと意味が変わってきて。

岸本　主がここにあるみたいな感じがしてしまいますね。

福嶋　NPOの側でも昔よく言われたのは、本来行政がやるべきことを自分たちが替わりにやってあげているということです。だから、行政はもっと補助してよとか、自分たちを優遇してよというふうな意見が多かったんですよね。でも、本来という話をすれば、極めて原理的に言えば、むしろ本来は自治であって、市民がやることを税金をもらって行政が請け負う。本来は市民の方がやることであって、やれないから行政が引き受けているという、原理的にはそういうことなんで、市民がやれることは、

みんな本来市民がやっていいことだと思うんです。行政の替わりにやっているという意識は捨てたいですね。

岸本　今、市長がおっしゃっている、本当は最初市民が担うと、それが市民ができないから自治体がやると、自治体ができないから基礎市町村がやると、県がやれない国がやるという、下から上がっていくのであるというのは、日本ではそれを言う方は非常に珍しいと思いますね。

何かボランタリーフェイラー、だから政府の失敗があってNPOが出てきたというのが主流の考え方であったわけですけれども、それに対してボランタリーフェイラーという言葉の中で、市民ができないから行政が生まれたんだという、その自治を問い直すというのが最近出てきた考え方だと思うんですけれども、その考え方はすごく新しいなと思って、今伺っていたところです。

福嶋　たしかに現実は…。

岸本　逆なんでしょうけれども。

福嶋　現実の仕組みからいうとちょっと違う……。

岸本　逆なんですよ。

福嶋 歴史における現実的な経過と、理念や原理は次元の違う話です。表面的に見ると逆だったりもする。

岸本 逆なのかなと。でも、新しい問題に着目したときは、そのとおりのことが起きているんですよね。

福嶋 そうですね。先ほど岸本さんが言われていたように。

岸本 実際に協働で異なる能力のものが出会って、そこでお互いの能力を生かし、責任を分担するのであるって、私も言いますけれども、ただ実際にはいろいろ難しいことも多いんじゃないかと思うんですけれども、これを成功させる秘訣というのはどの辺にあるというふうにお考えになりますか。あるいは市役所の職員の方にどんなことをおっしゃっているのですか。

福嶋 我孫子市で一時期、一時期といっても去年、おととしぐらいの話ですけれども、とにかく市役所じゅういろんな分野で市民と物すごくもめていたんですよ。

岸本 いろんな分野でもめていた。それは……。

福嶋 市民とぶつかってばかり。市民との関係がむちゃくちゃになっているという事がいっぱい、同時多発したんです。それは、私は後ろ向きにとらえる必要はないと思いました。今まで形式的にきれいごとで市民に参加してもらったり、市民と協力したりしていたときは、そんなに衝突することもなかった。でも、本気で市民と何か一緒にやろうと思うと、いろんな思惑の違いとか、やってほしいことの違いというのがお互い一気に出てくる。だから、今まで形式的にやっていた市民参加や協働を本気でやろうと、それぞれの分野で始まったから、一気にもめごとが多発したんだろうと、だから悪いことじ

《対談》VS岸本幸子・パブリックリソースセンター理事

岸本 やっぱりそのときにもめている内容というのは、やっぱりそのときにもめている内容というのは、さっき言ったことが根っこにあるんですよ。協働というときに、どういう役割分担で、最終決定権がだれであって、最終責任がだれだということを明確にしてやらないと、わけがわからなくなる。はたしてこれは市の事業に対し市民の協力をもらっているのか、市民の事業を行政が応援しているのか、それとも市民の事業なのか、市民の事業なのかわからないんです。

福嶋 そうですか。

岸本 職員に聞いても、聞く職員によってとらえ方が違うし、市民によっても違う。市民の人たちはやっぱりずっとやっていると、行政からお金はもらって、一切口は出されずに自由にやりたい、というような意向が出てくるんですよね。ただ、やっぱり税金を使う以上、全く自分たちが自由にできるというのは逆におかしいでしょう。

岸本 そうです。

福嶋 その辺の関係が、だれがどういう責任を持っているのかというのが見えなくなってしまうことがあるんですね。
例えば、文化事業ボランティアというものを教育委員会で作ったんです。教育委員会が主催していろんな文化事業をやっています。コンサートとか、演劇とか。そのとき、それを手伝ってもらう市民のスタッフ、ボランティアを制度化したんですよ。だけれども、この文化事業ボランティアというのは本当に市民のボランティアなのか、それとも教育委員会のスタッフとしてちゃんとやってもらうのか、報酬が必要なのか、必要でないのか、ごちゃごちゃになってきたんですよ。ボランティアの人たちからは、何となくうまく手足で使われているだけで、何か感謝もされていないんじゃないか、という疑念みたいなのが生まれてきたんですね。
本当にささいな話。アルバイトで雇った学生にはお弁当が出るんだけれども、自分たちには出ない……。

岸本 ああ、自分たちには出ないと、私たちは何なんだろうと思いますよね。

第3章　市民が行政を変える

福嶋　ものすごく教育委員会への不信感が深まった。私たちは何なんだと。教育委員会は、いやそんな手足で使うなんてとんでもありません、皆さんはこの事業の主体だと思っていますと、言葉ではいいことを言えば言うほど現実とのギャップがあるから、余計不信感が増すみたいなところがあったんですよね。

結局、市役所全体の統一した制度として、市民スタッフ制度というものを立ち上げました。それは、いわゆる有償ボランティアの範囲かなと思っていますが、半日500円、1日1,000円という規定を設けて、これは行政のスタッフの一員としてやってもらいます。もちろんやるかどうかは自発的であるし、雇用関係ではありません。一つの契約関係として行政を助けてください、という市民スタッフ制度にしたんですね。

文化事業でいえば、一つのイベントをやるときに、その切符を切ったり、会場の警備をしたりします。手足じゃないかと言われると、私は、それは手足じゃないとは言いません。率直に言って手足です。でも、やっぱり、何も知らないアルバイトを雇って受付や警備をやってもらうよりも、文化事業を育てたいと思っている皆さんに受付をやってもらったり、警備をやってもらったほうが、同じ受付や警備でも一味違うものになるんじゃないでしょうか。

それに、確かに経費は浮きます。アルバイトを雇うよりは、ボランティアでやってもらう、あるいは500円、1,000円でやってもらえば。ただ、その経費が浮いた分、もしかしたら呼ぶアーチストのランクを上げることができるかもしれないし、2回呼ぶところを3回できるかもしれません。だから、そういうことで助けてください、というふうに率直に言ったんですね。

岸本　なるほど。

福嶋　その方がむしろ納得してもらえます。言葉だけで皆さんが主役ですとかきれい事を言って、実際には労力提供だけしてもらうのでは、逆に不信感を生んでごちゃごちゃになると思うんですよね。

岸本　そうですね。これはもうNPOとかボランティアということに直接かかわらず、日本人て契約っていうんでしょうか、役割をきちんと決めるとかいうのがとても苦手ですよね。今のお話は、恐らくボランティアコーディネートでそれを受け入れるのがNPOであっても同じ

《対談》VS岸本幸子パブリックリソースセンター理事

ように発生する問題だと伺っていたんですね。要は、福祉のNPOであれば、ボランティアの人が入ってくださっています。そういうときに、やはり問題となるのは、ボランティアとスタッフってどう違うんでしょうかという議論と全く同じだと思いますね。だから、そういったトラブルを避けるために、事前にお話し合いをして、何を期待して来られますかと、私たちで提供できるお仕事はこれなんですけれどもいいでしょうかとか、話し合って、合意をして、サインをしてもらうと。一定期間ごとに見直すといったようなボランティアコーディネートってやらないと、やっぱり同じようにトラブりますので、それは恐らく協働というよりはボランティアという、新しい働き方っていうんでしょうか、になれていく一つのステップなのかなと思って伺っていたんですね。

ただ、ボランティアの方に入っていただいたときに、NPOとしてとてもうれしいのは、やっぱり外からの違う目でもって意見を言ってくださる、我々のためを思って言ってくださるというところがあると思うんで

すよね。それが手足であっても、なくても。それが私たち自身にとって改善のきっかけになることもある。

岸本　ええ。そうですね。

岸本　ええ。ですから、市民の方がボランティアとして、市民スタッフとして行政の組織へ職員として入るにしても、恐らくそれによって中の空気が変わっていくということはすごくあるでしょうね。

福嶋　市民スタッフの要綱をつくったんですが、その中で、市民スタッフはちゃんと行政に、その事業に意見を言うことができることにしています。

岸本　なるほど。

福嶋　市民スタッフがそういう意向を表明する機会をきちんと確保したいと思っています。

岸本　組織の中に全然違う人が入るだけでも、何か頑張らなくてはと思うじゃないですか。市民の目が注ぐ、働いている場にも注がれるというので、空気が変わってくるんじゃないかなという気がしますけれども。

福嶋　本当にそうですね。もう一つ混乱した例を挙げれば、文部科学省の子どもセンター事業を受け、子ども活動をやっている団体がネットワークをつくって、

第3章　市民が行政を変える

「あびっこネット」という子ども向け情報紙発行とホームページ運営の活動を始めたんですね。そのスタートのとき、この組織は市が設置して運営を市民に任せるのか、市民が運営する組織に行政が協力するのか、まさにその部分の認識が一致しないまま始めたんです。ばらばらのまま……。

福嶋　ばらばらの考えで。

岸本　ええ。果たして市民団体なのか、市が設置したのかがよくわからない。あるいは市民と市が一緒に設置したのか。本当に一緒に設置するなら、市の職員も役員にちゃんと入って、本気でやらないとだめです。形だけ役員に名前を最後の方に連ねるだけじゃしようがない。結局、議論の末、後になって自主的な市民団体ということに整理しました。

しかし、国もいいかげんで、国の委嘱事業、委嘱事業ってよくわからないんですけれども、国が最初は3年間は全部お金を出すんですよ。そのお金で運営する3年たつと全部ゼロになってしまうんですね。

岸本　急にゼロになると。

福嶋　じゃ、その後はどうするのか。替わりに全部市が持つのか。市が持つかどうかは市の判断ですよね。

岸本　ええ。

福嶋　あるいは市が補助でやる。その場合、市の補助金の仕組みで、補助は事業費の50％以内という上限を設けているんですね。だから5割はちゃんと自主財源を確保してくださいと。

岸本　なるほど。

福嶋　しかし、そんなこと言われたって、今まで自己財源ゼロで運営してきて、いきなり半分の財源を見つけるなんて、それは無理ですという話です。これもさんざん議論して、最初3年間は市民の自主的な事業としましたが、結局いま3年たって、来年からはじゃ市の委託事業にしましょうかということにベストかどうかわかりませんが、現実的な選択としてやむを得ないということです。

岸本　そうなってくると、協働の条件としてやはり市民が自立できる基盤をつくる、今おっしゃっていた3年たって財源ゼロで一体どうするんだということになって、とりあえずじゃ委託事業を出そうという現実的な解決をなさったと、またその先があるわけですよね。

150

《対談》VS岸本幸子・パブリックリソースセンター理事

そうなってくると、やはり市民団体が自立していく基盤をつくる能力を、底力、キャパシティービルディングをするということが一つ課題になってくるのかなと思います。

福嶋 今言っているのは、委託でやるけれども、市の委託事業だけをやっている市民団体とかNPOというのは、本来おかしいですよと。最初はそうなってしまうかもしれないけれども、少しずつでもいいから自分たちの財源を見つけて、自分たちの自主事業、いろんな子どもの交流事業などどんどん増やしていってほしいと。将来は市の委託事業はほんの一部分だけになるように、そういう目標に向けてやってくださいって言っているんですよね。

岸本 なるほど。

今、パブリックリソースセンターでまさに市民団体の自立に向けて取り組んでいる事業が2つあるんですね。一つは民が民を支える仕組みをつくるということで、要するに民間のお金でそういう市民団体を支えていく、市民団体が民間の寄附を受けやすくできる仕組みをつくろうというので、各地にローカルファンドを

つくっていこうという、ファンドというのは募金組織ですけれども、それをつくっていこうという動きをしています。

ただ、民が民を支えるといっても、民間で募金組織を立ち上げることが非常に難しくて、今後そういったところに行政が、民が民を支える仕組みの初期段階に行政が補助をする、助成を行うというような、支援を行うというようなこともあるんじゃないのかなと思っているとこ

もう一つ、市民活動団体の、NPOの自立に向けて取り組んでいる事業で、キャパシティービルディングというんですが、要するに組織運営能力を高めると言うマネジメントのコンサルテーションの仕組みをつくろうとしています。

先ほど、行政サービス、公共サービスを提供するので、資金源は公的なものであっても、担い手はNPOでというのがあるよねという。実は、アメリカの福祉サービスの提供の仕方の基本はそれなんですけれども、その方式でいこうというふうに大きく決めたのは60年代だったんですね。ところが、その段階では受け手となるNPOの力が非常に弱かったんです。そこで編み出された方法というのが、委託事業を出すと同時に、しばらくの間、組織能力を高めるためにコンサルティングを受けるための助成金をつけるという方式だったんです。

運営能力を高めて、事業を継続的に実施する力をつけられると、もうその補助金は抜いて委託だけを出すというような、そういうことが60年代、70年代にあったわけなんです。

今ねらっている第2の支援システムというのが、そのコンサルテーションの仕組みをつくろうと。つまり、今まで行政の助成金、補助金というのは、全部事業に行っていた。事業じゃなくて、組織能力を高めるために次元的に入れるという、そういう仕組みもあっていいんじゃないのかと。一方でそういうコンサルティングのできる民間の人材も必要だというようなことを今やろうとしているところであります。

だから、そういった協働ということをやっていく上で必要な一つの条件、つまり市民活動団体の自立というのを支える基盤整備というのもひとつ必要なのかなと思っているところなんですね。

福嶋　ファンドとかつくるとき、最初は行政が補助…。

岸本　助成金ですね。ファンドをつくるときに、初期段階に要するに事務局人件費が足りないんですね。だ

よく中小企業支援策だとあるんですね。コンサルタント派遣事業というような形でもって、あれと同様のことを対NPOでやって、そのおかげでNPOが組織

《対談》VS岸本幸子パブリックリソースセンター理事

福嶋 従来の発想だと、NPOへのコンサルティングは行政が無料で行う。行政自身ができなければ、コンサルティングできるところに行政がお金を払って委託して。岸本さんのお話はそうではなくて、コンサルティングを受ける費用を補助するわけですね。そうするとNPOはどこから支援を受けるか選択できるわけで、それが民間のコンサルティングできる人材を育てるのではないでしょうか。

岸本 もう一つの協働を支えるための基盤整備として、行政が変わるというところが大きいんじゃないかと思いますが、話題を福嶋さんのおっしゃる市民が行政に介入するとか、あるいは行政を変えるというところに少し動いていきたいと思うんですけれども。

福嶋 一番最初に市民によって行政を変えるということをおやりになったのは、採用のときの人事が最初ですか。補助金が最初だったんですか。

岸本 職員採用の改革が最初ですね。何か一番ハードそうなところに飛び込んだ。

福嶋 そうですね。それは市長になった最初の年なん

から、300万ぐらいのお金を3年間ぐらい、要するに人1人の人件費を3年間入れると、その間にその事務局が動いて、募金の仕組みというのをある地域内につくることができるだろうと。

福嶋 そのファンドに出資するということではなくて……。

岸本 ではなくて、立ち上げに対する助成金ですね。もちろん、行政内に何らかの、要するに統合していいような基金があるような場合、それがそのまま移行するということもあり得るとは思いますけれども、募金組織そのものは全くの民間組織として立ち上げることがよかろうと思っています。だから、基盤整備の一つとしてそのローカルファンドをつくるということ。

それから、もう一つは組織運営能力を高めることについて、何か専門的な助言のできる人を育てる、その助言のできる人に助言をするためのお金を支払うというう、テクニカルアシスタンスの仕組みをつくるというのがローカルファンドとテクニカルアシスタンスの仕組み、この2つがこれからの基盤整備で重要なんじゃないかなと思っているところなんですね。

第3章 市民が行政を変える

ですよね。

岸本 ああ、そうなんですか。最初の年におやりになった。

福嶋 市長になって、行政を改革をしていく上で、最初に一気にやらないといけないことと、時間をかけて改革しないといけないこと、両方あると思います。職員採用の改革は前者です。我孫子市の職員採用はコネの世界だって、市民がみんな思っていたわけですよ。そうすると、優秀な人材はほかに流れていってしまうわけです。どうせ我孫子市受けたって、コネないから、採ってもらえないって。

一切のコネを職員採用から排除するなんていうのは、これは市長が変わったとき一気にやらないとできません。まずは、前の慣習を踏まえて縁故採用を少し抑えるぐらいで採用をしておいて、徐々になくしていきますという話では、これはできないだろうなと。市長が縁故採用しないという強い決意でやれば、それだけで大きく変わりますけれども、その制度的な保障として民間の試験委員制度というのをやったんですね。

さらにその後、市の幹部が試験委員になっていたものを、30代、40代の若手男女1人ずつ中堅職員から試験委員を入れるということにしたんです。5人の試験委員のうち、民間委員と中堅職員の3人は毎年交替します。今はもう100%コネはあり得ないと断言できます。最初にまず基本的に変えてしまったということなんですね。

岸本 最初にやったのが人の改革であったと。

福嶋 ええ。

岸本 さっき、即時にやらなければいけないことと、時間をかけてやらなければいけないことと、補助金の方は時間をかけての方ですか。そうでもないんですか。

福嶋 そうでもないです。

岸本 2期のとき……。

福嶋 1期の終わりからいろいろ見直しをやりましたけれども、結果としてなかなか思い切った見直しにはならなかったんですね。それまでにも何回かやったんですが、結果としてなかなか思い切った見直しにはならなかったんですね。こっちを切ろうと思ったら、じゃ何であっちを切らないんだという話とか、やっぱり議員さん含めていろいろな人の関係があったりして。

岸本 ありますよね。

《対談》VS岸本幸子パブリックリソースセンター理事

福嶋 そうすると、結局一律5％カットというような話になっていって。一律だから我慢してくださいよということですね。

岸本 はい。

福嶋 そこでは、財政的な効果は切った分、ある程度は出てきますけれども、本当は増やしたい補助金や新しくつけたい補助金も実はあるわけなんですよね。新しい市民活動で、市としてもぜひ応援したいものもある。でも、お金がないから、要望があっても断る。一方で、前からもらっているところは既得権がものをいって、随分時代が変わってももらい続けている。これは思い切って全部白紙にしてしまうしかないだろうと思ったんです。それで、3年ごとに白紙にして公募する仕組みをつくったということです。

これも一気にやったといえば一気にやった、やるときは一気にやったんですが、それまでの試行錯誤がありましたから。

岸本 なるほど。補助金の見直しのときに、検討委員会というのを設けていらっしゃいますよね。あの検討委員会という存在が市民が介入してくる仕組みだとい

うふうにお考えになっていらっしゃると。

福嶋 そうですね。

岸本 5人。

福嶋 5人です。

岸本 なるほど。人選は随分悩まれたんでしょうね。

福嶋 委員の選考は、この制度の成否を分けるものです。全然我孫子の市民活動の状況を知らない人を外から持ってきたのでは、本当にちゃんとした審査ができないと思いますし、逆に我孫子の市民活動のことをよく知っている人は、何かの市民活動にかかわっているそうすると公平性が疑われることになりますから、どうしようかとさんざん悩んだといえば悩んだんです。他の委員会のように、会計検査院のOBの市民幸いにいい人材にめぐまれ、会長になってもらってあの方がいたので、その人に会長になってもらって、と日常的に市民と行政のパイプ役になっている行政書士から1人推せんしてもらって、また市内に大学が2つありますので、実践的な研究をしている行政学と社会教育の先生に1人ずつ入ってもらって、さらに行政の経験者ということで、市民でよその市の、成田市の

155

第3章　市民が行政を変える

総務部長をやって退職した人がおられて、その人。結構それなりにバランスのとれた人材を見つけることができました。

岸本　お聞きしたところでは、補助金には公募部分と、それから施策部分があって、施策部分であっても落ちる可能性があると。

福嶋　そうです。

岸本　そのことについて、やはり行政内部とか、あるいは議会とかで、要するになぜ市民の検討委員会によって落とされるんだというような議論というのはなかったんですか。例えば、議会なら議会の役割というのが否定されるというような意見というのは、特になかったんですか。

福嶋　市民の直接参加を行うと、議会、代議制民主主義を否定しているだとか、軽視しているという意見は必ず出てきますけれども、それは違います。そもそも市民に直接参加してもらっているのは、市長の私の権限に介入してもらったり、参画してもらっているんですね。議会の権限には全然参画していません。逆に、議会は議会で市民の参加をもっと進める必要があるん

じゃないですか。

今の制度だって、議案を審議するのに公聴会を開けるはずだけれども、一回もやったことはない、制度はあるのに。それから、これからは議員立法で条例をつくっていくことも必要でしょう。そういう条例をつくる過程でどんどん市民の有識者の知恵をかりたらいいんじゃないですか。

補助金も、予算として議会に提案しますよね。市長と

して私が提案する際の判断をする上で、市民からの提言を検討委員会に出してもらっているのです。市民からの提言なのだから議会が可決しろとか否決しろっていう話ではないです。議会は議会の権限で、この予算を審議して決めてくださいと。

だから、補助金の予算案決定の最終責任は私です。検討委員会に責任を転嫁するつもりはありません。検討委員会の報告が出ると、もう一回その報告に不満だという市民団体は、公開の場で、反論というか再PRできるんですね。それを踏まえて、最終決定するのはやっぱり私なんです。だから、検討委員会の決定を100％そのとおりにやるということではない。決定権は私の方が持っています。

もちろん検討委員会の提言は最大限尊重するのですが、万一変更した場合、検討委員会はこう、私はこう変えたということをオープンにします。そのことをまた有権者は選挙などで判断することになりますよね。

岸本　なるほど。その辺のところはとても大事だと思うんですね。市長は、選挙を通過して、受けて出てこられるわけで、市長さんとしての最終判断、責任はと

ると。だけれども、その前に、じゃ決して自分が誤らないということでもないし、自分が全部知っているとでもないので、市民の意見、市民の目というものを入れるんだ、だけれども最終判断は自分がするという。そういう途中で行政のトップである市長さんの判断にも、あるいは議会にも、途中途中で市民の目が入る、それがまさに介入っていうことなんでしょうか。

福嶋　ええ、そうだと思いますね。特に、職員の採用とか補助金の決定とか、非常にデリケートな部分で、かつては聖域だった部分かもしれませんよね。そういう部分だからこそ市民に介入してほしい、参画してほしい。それで透明性も確保できるし、その決定に市民感覚を持たせることができるだろうということです。

岸本　ただ、現実にはずっと5人の方がすべての分野の補助金を見るということについて、無理というのはないんですか。これは素朴な疑問なんですけれども。

福嶋　かなり大変ではあります。今回、ちょうど3年目の見直しがあったんですけれども、文化事業の団体を結構検討委員会では低く評価して、切ったんですよ。

趣味の活動団体と捉えたんですね。でも、古典芸能など文化施策として復活させたもの、あるいは段階的に自立を求めていって、ゼロにはしませんという判断に変えたものが幾つかあります。やっぱり検討委員会の報告も、それは完璧ではないと思いますね。だから、市民からの反論、そういう公開ヒアリングを設けています。本当は、このヒアリングでの市民との議論も、私は検討委員会にやってほしかったんです。それはまだちょっと実現していないです。検討委員さんがそこまでは勘弁してくれと。検討委員さんには、物すごく大変な作業をやってもらっているんですよね。こんな分厚い資料を持ち帰って、家で読んできてもらって、また一日じゅう議論をしてもらったり。その上でようやく出した結論に、また当事者からそれはおかしいとか言われて説明するそれはもう勘弁してよということだったんで、ヒアリングは市で受けて、検討委員会の報告と反論のヒアリングを聞いて、再度市が判断するという仕組みに今はしています。5人という人数の制約というのは確かにあるかもしれません。

岸本 あるいは、分野で来たものあるでしょうし、かなり明確に政策的な目的というのをご理解いただけるかどうかということもありますよね。

福嶋 そうですね。私はぜひやりたいと思ってつくった補助金も切られたものがあります。学校給食に地元のお米を使用するという制度を始めたんですね。従来の給食用の米との価格差があるので、価格差を補助しますという制度をつくったんですが、これは検討委員会でそんなに効果がないということでバツになりました。

3年前ですが、実は当時のしくみは、一回我孫子のお米が県の経済連に全部行ってしまって、県の経済連からこれは我孫子の米ですって戻ってくるわけなんですよ。それで年間500万円ぐらい使っていたんですが、全然、我孫子のお米の生産者と子どもたちが顔の見える関係になっていない。ただ我孫子産米ですって来るだけです。今でも、千葉県の場合は我孫子産米は来るんですよ。千葉県米じゃなくて、我孫子米をただ食べるために500万はもったいないでしょう、投資の効果がないでしょうということですね、検討委員会では。市もそれはそうですね、ということで

岸本　ベッドタウン我孫子としての大きなテーマですね。

福嶋　住宅に関するアンケート調査をしたら、若い世代で今、親と同居していて、これから独立するときに、我孫子市外で住宅の取得を考えているというのが50％ぐらいあったんです。

岸本　はい、それは大変であると。

福嶋　じゃ、どうすれば市内での取得に変わる可能性がありますかと聞いたら、それはやっぱりストレートで、住宅取得にお金を多少補助してくれるのなら、我孫子市内で買いますよと。

岸本　あるいは子育て支援みたいな。

福嶋　そんなに今の時代、外からどんどん入ってくるということはないんですけれども、今いる人たちが我孫子市内に住み続けてもらうことが大切です。また、我孫子で育って、我孫子の学校を出て、今は仕事の関係でほかへ行っている人がまた転勤でもう一回戻ってくるときに、必ず我孫子に住むとは限らないわけですよ。今自治体間競争がはっきりしているのは、若い世代の取り合いだと思うんですね。若い世代は、それぞれまちをリサーチして、周辺で一番住みやすいところに住むんですよね。そのときに我孫子に住んでもらうというのがすごく重要なこと。

そのため、保育園の待機児童ゼロを実現するなど、子育て支援も積極的にやってきました。さらに加えて、住宅の助成制度をつくりたいと考えたんです。もちろん、一定の条件を満たした場合ですけれども、これは慎重にやらないとものすごくお金がかかりますから。でも、やっぱり検討委員会から効果が明確でないという話が出てきて……。

岸本　厳しいですね。

福嶋　ただ、厳しい意見をもらうと、よりよい内容に見直したり、説明責任をよりしっかり果たすことにつやめたんです。

ただ、もう一回、直接顔の見える関係をつくりたいと考えています。まず野菜でやって、もう一回米でもチャレンジします。

もう一つ別の話ですが、若い世代にどう定住してもらって、我孫子で子育てしてもらうかが我孫子市の最大のテーマです。

ながりますね。この場合も、アンケートの内容などを、ちゃんと検討委員会に説明してなかったんですね。だから、もう一回次年度に、アンケートの分析もちゃんと説明をして、何とかいい点数をもらいたいと思っています。もう一回再チャレンジをすることにしているんです。

岸本　3年間で再度審査をするということは、その評価もしていらっしゃるということなんですか。効果測定というんでしょうか、補助を出した事業についての。

福嶋　その辺はさらにきちっとやらないといけないとは思いますが、もちろん3年で白紙に戻した上で、3年間の活動評価は厳しくやります。

さっきの住宅補助の話にしても、担当課がきちっと説明をしなければならない。それは本当は市民全体に説明するということでもあるのですが、こういうことをやり、こういう効果があったという、行政評価とも重なりますけれども、そういうものをきちっと明確にして、納得してもらえるように説明する作業をしないといけない。この検討委員会は補助金のことだけですけれども、行政の意識の改革を行っているとは思いますね。

岸本　これからの行政の方に求められる素質として、協働であれば、例えばコーディネーターと企画能力、今の行政を変えていくという意味でいうと、まさにアカウンタビリティーとか説明をしていく能力、それが何か多分求められていくんでしょうね。

最後になりましたけれども、じっくりとやっていくことかもしれませんが、今後の課題というか、ぜひやりたいことということは、夢といいますか、それを幾つか教えていただければ。それはNPOの方でも行政改革の方でもどちらでも。

福嶋　やっぱり我孫子のまちづくりのベースになるというのは、市民との協働だと思っています。

市民感覚を持った行政と自立した市民のきちっとした協働の関係を、コラボレーションの関係をつくっていきたいですね。行政の意識を、職員一人一人の意識を変えていく、これは私も含めて行政全体の意識を変えていくというのは、これは一番時間がかかることだと思うし、これが本当にやれれば物すごく変わると思うんですよね。何でもできてしまうくらいに。

行政の意識改革は、まだまだ始まったばかりだと思っているんです。それには市民に参画・介入してもらうこ

《対談》VS岸本幸子・パブリックリソースセンター理事

福嶋 とも大切ですし、職員の頭の切り替えも大切ですし、外部からからいろんな人材を職員として入れていくということもすごく大切。

岸本 外部からの人材の登用と。

福嶋 はい。新しくつくった生涯学習センターのセンター長を、部長クラスとしてスペシャリストに来てもらったり、一般の採用も我孫子市の場合、35歳までにしていて、積極的に民間企業の経験者を採ったり。

岸本 ポジティブアクションをやっていらっしゃいますよね。

福嶋 そうです。過去の採用での女性差別の是正と、民間企業などを一旦退職した人が、子育て後、本格的に仕事に復帰する道を拓くのが目的です。

岸本 発見したとき、あっ過ぎてしまったと思って、だめだったと思って。

福嶋 そうですか?

岸本 これ私だめで、残念でございまして。

福嶋 そのポジティブアクションは何年間かやったら、今度は男女ともフリーにしたいと思っているんです。

かなりいろんな人材、普通だったら行政に入ってこないような人材に入ってきてもらっています。本当に市民感覚を持った我孫子市役所にしたいなと思っているんです。

それともう一つ、今、コミュニティービジネスを地域活性化の中心にしていこうと考えています。

岸本 みずから業を起こすわけですね。

福嶋 ええ。人材は団塊の世代がリタイアして地域に

161

第3章 市民が行政を変える

戻ってきます。今までは、寝に帰ってくるだけのパートタイマー市民だったのですが。ただ、男性が地域でやるためにはいろんな問題……。

岸本 そうですね。さまざまな試練を乗り越えないと。

福嶋 コミュニティビジネスで有限会社をつくろうとしたら、顧問希望者ばかり集まった。責任の重い社長もいやだし、汗をかいて動く社員もいや。口だけ出してアドバイスする顧問がいいということです。

岸本 本当に男性の考えそうなことですね。

福嶋 それでも地域に軟着陸して活躍する男性は飛躍的に増えました。今回、我孫子のコミュニティビジネスをNPO法人コミュニティビジネスサポートセンターが支援する取り組みが、経済産業省のモデル事業にもなったんです。市民と協働しながら、我孫子のコミュニティービジネスを本当にモデル地区になるように育てていきたいなと思っています。

岸本 本当にこれから市民が我孫子に戻ってくる、全日制市民として戻ってくる方がたくさんいらっしゃいますものね。

福嶋 ええ。

岸本 その人たちが本当に生き生きとして起業できたら、すごい活力になりますね。楽しみにしております。

福嶋 団塊の世代の皆さんがリタイアした後に、単にサービスを消費する側ではなくて、引き続き高い能力を発揮してサービスを提供する側、地域を支える側になる、その有力なツールにコミュニティビジネスはなると思っています。定年を迎えた人が、関心のあるいろいろなNPO活動やコミュニティビジネス、あるいはボランティア活動を実際に体験してみることのできる「シニア・インターンシップ」なんていうものも始めてみたいなと思っているんですが。

岸本 いやあ、おもしろいですね。でも、本当に男性の方にとってもすごいチャレンジでしょう。楽しみにしています。どうも本当にありがとうございました。

本対談は2003年8月12日に実施されたものです。
対談者の肩書きは当時のものです。

第4章 地方分権と市民自治

1 意志を持って合併を見送る

我孫子市は、人口13万2,000人、面積は43㎢のまちだ。2002年から、隣接する柏市(33万2,000人)、沼南町(4万6,000人)と2市1町で合併の研究を行った。

今回の全国的な合併の進行の前、全国の市町村の約半分は人口1万人以下だった。自主財源が10％に満たない所など、合併しか選択の余地がない小さな町村も確かにあるだろう。幸い人口10万人以上で自主財源比率67％の我孫子市は、こうした状況とは違い、より良くなるのはどちらか、合併の是非を選択できる環境にあると言ってよい。

市民とも議論を重ねた結果、2003年2月に合併しないという結論を出した。無作為抽出した3,000人市民アンケートでも、57％が「合併すると我孫子市が市民と協力して進めてきた独自のまちづくりが継続できなくなる」という回答だった。

市長と市民が顔の見える関係にあり、一定の自立的な財政運営も可能な我孫子市の規模は、「市民自治」にとって最適ではないかと考えている。このスケールメリットを大いに活かして、これからもまちづくりを行っていきたい。

1 市民自治の最適規模

市町村合併は地方分権の受け皿づくりとも言われている。しかし、地方分権とは、単に国、県、市町村の行政の間で、権限と財源の再配分をすることではないはずだ。地方分権の真の意味は、市民にできる限り近いところに権限と財源がきて、地域に暮らす人が、自分の地域の問題を自らの手で解決し、自己決定していくことにある。つまり「市民自治」だ。

「市民自治」にとって、基礎自治体の最適規模はあまり大きいものではない。市民が、自分たちの意見を市政に反

映できる、まちづくりに実際に参加できる、と実感できるのは、むしろ小さい自治体だろう。一定の財政力を持ちながら、行政とさまざまな市民活動やボランティア、市民事業が"協働"してまちづくりを行うには、10万人から15万人ぐらいまでの人口規模が適切だと思える。

この程度の規模までの自治体なら、行政の職員も、自分が担当している仕事で、市内のどこで何が問題になっているか、誰がどんな活動をしていてどんな意見をもっているか、ほぼ把握できる。市長も市政全体を具体的に把握でき、自らさまざまな市民的課題について、当事者をはじめ多くの市民と直接議論しながら、その解決の方向を見いだしていくことができる。

また、より重要なのは、市民が本気になって行動すれば市民世論を作ることができ、それによって自治体の決定を動かしたり、場合によっては政策を変更させることもできるということだ。こうした可能性を、リアリティを持って考えられるのは、この規模ぐらいまでではないだろうか。50万人、100万人の都市では難しいように思う。

こうした市長（行政）と市民の距離の近さを大切にしたいと考えている。

民への分権が自治体効率化のカギ

合併によって行政運営が効率的になるとは、必ずしも言えない。そもそも〈重厚長大〉は、すでに20世紀の終わりに非効率の代名詞になった。無駄プラス無駄で、さらに大きな無駄が生まれる可能性すらある。

現実の自治体の各財政指標やバランスシートを見ても、人口の多い市ほど優良なわけではない。実際の多くの行政の仕事の中には、広域でやったほうが効率的なもの（大規模な施設の建設など）と、一つの自治体をさらに小域に分けてやったほうが効率的なもの（福祉の多くの部分など）の両方がある。

また、公共のサービスを行政が全て受け持つ、という時代はとっくに終わっている。これまで述べてきたように、民間（企業や市民の活動）に任せられるものは積極的に任せていくべきだ。「民への分権」が自治体効率化の柱だと考える。この点でも、とくに市民活動との連携は、自治体が大きくない方がやりやすい。

1　意思を持って合併を見送る

② 合併のメリット、デメリットを検証

もちろん、以上のような原理レベルの話だけで合併を否としたわけではない。

架空の話だが、いくら小さな市で市民が隣の市と協働のまちづくりをやろうと思っても、市民の多くが隣の市に魅力を感じていて合併したいと願っていれば無理だ。また、豊かな自然があるが、まったく財政の将来見通しがない市があれば、収入を得るために自然を切り開いて工業団地を作るより、工業団地のある市と合併し、その財政力を生かして自然を保全する選択がベターかもしれない。

市町村合併について議論するには、その地域の将来像と合併のメリット、デメリットを具体的に検証し、判断することが大切だ。

こうした考えから、2002年4月に我孫子市・柏市・沼南町の2市1町で「広域まちづくり研究会」を設置し、同年10月までに、合併した場合の将来像などについて報告書をまとめた。

医療の広域連携などは、合併によって強化が期待できた。

一方、我孫子市はこれまで、市民と協力して、子育て支援、高齢者や障害者福祉、環境、文化など多くの分野で、特色ある施策を進めてきた。これらの施策の中には、新しい市に引き継げないもの（保育園の待機児童ゼロなど）もあることが予想された。

財政面でみると、市民一人当たりの予算規模は新しい市の方が強化されるが、市債（借金）は大幅に増えることが分かった。単純に規模が大きくなると、財政が健全化・効率化するわけではないことは明白だった。（公債費負担比率は2002年度決算で、我孫子市10.9％、柏市15.0％、沼南町14.1％）。

市民一人当たりの市債額を我孫子市と柏市で比べると、我孫子市が17万6,000円、柏市が33万4,000円。もちろん、借金が少ないほうが単純に良いというわけではない。市民のために必要な投資をそれだけ多くやっていれば、市民の財産として蓄積されている。ただ、合併ということになると、柏市の都市基盤の整備のために行った借金を、今後は我孫子市民も同様に返済していかなければならないということになる。

また、合併によって、国から財政上の優遇措置を受けら

第4章　地方分権と市民自治

我孫子市と「新市」の財政比較　　「広報 あびこ」2002.12.1号より

■：我孫子市　　□：新市（柏市・我孫子市・沼南町の合併）

市民1人当たりの予算（円）

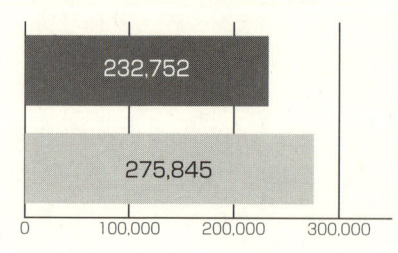

- 我孫子市：232,752
- 新市：275,845

◎中核市になることによる地方交付税の増額と、柏市の財政力が強いため、予算が増え財政力が強化されます。

市民1人当たりが負担する人件費（円）

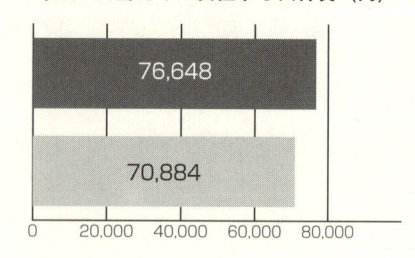

- 我孫子市：76,648
- 新市：70,884

◎新市の議員定数の上限は56人で、31人減になります。特別職は8人減、一般職員は112人減が想定され、1人当たりの負担が軽減されます。

自主財源比率（％）

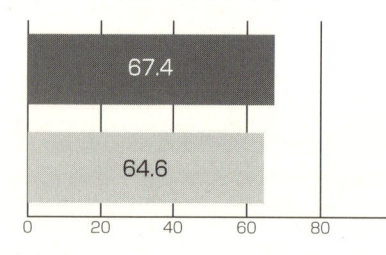

- 我孫子市：67.4
- 新市：64.6

※自主財源比率は、歳入に占める地方税、使用料・手数料などの、市が自主的に確保できる財源の割合です。財政基盤の安定性、行政活動の自立性を判断する指標となり、割合が高いほど望ましいとされています。
◎沼南町の比率が低いため、下がります。

住民1人当たりの財政調整基金（円）

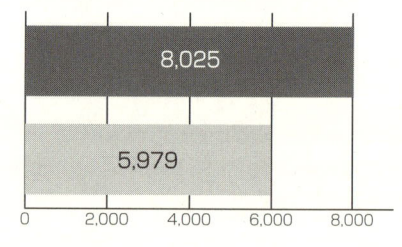

- 我孫子市：8,025
- 新市：5,979

※財政調整基金は、年度間の財政の不均衡を調整するために設けられる、市の貯金です。
◎柏市、沼南町の基金が少ないため、減額になります。

住民1人当たりの借金　地方債現在高（円）

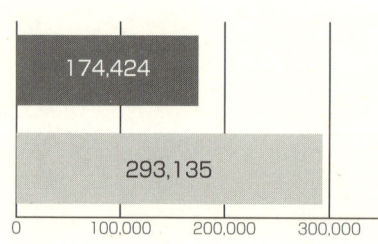

- 我孫子市：174,424
- 新市：293,135

※地方債は、一時に多額の経費を必要とする事業の財源に充てるために借り入れるお金でいわゆる地方自治体の借金です。
◎県内の市の平均は268,121円（12年度）。市民1人当たりの借金が、柏市は我孫子市の2倍近くあるため、増額になります。

住民1人当たりの債務負担行為未払額（円）

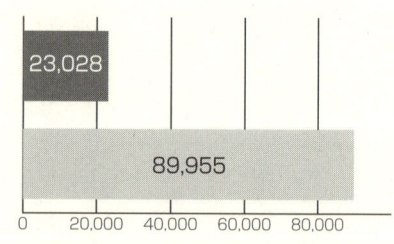

- 我孫子市：23,028
- 新市：89,955

※債務負担行為は、数年度にわたる建設工事等、将来的な財政支出の約束を予算に定めておくものです。
◎柏市の未払額が多いために増額になります。

1　意思を持って合併を見送る

れるが、我孫子市とは直接関係のない「つくばエクスプレス」関連事業への莫大な投資が、新市の最大のプロジェクトになる可能性もある。

それに、合併に対する国からの最大の支援策は合併特例債の許可（2市1町の場合、540億円まで借金が認められる）だが、合併を理由に借金を増やすことも疑問だった。借金をして、また国中で公共事業をやることになる。そこにある地域づくりの姿は、自己責任・自己決定の地域主権社会とはかけ離れたもののように思える。

③　市民の意向を集約

合併問題は、市長や議会だけで決めるのではなく、主権者である市民に問う必要がある。私は「我孫子市は独自にまちづくりをした方がよいと思う」という自分の考えを市民に明確にしつつ、「合併の問題に限っては、最初から私の考えでリーダーシップを発揮することはしない」という姿勢をとった。市長や議員は確かに市民の「代表」ではあるが、市長や議員が選挙で市民から選ばれているのは、我孫子市という自治体が存在することが前提になっている。

その自分が選ばれている前提を無くしてしまうかどうかの選択は、やはり主権者である市民自身に問わなければならないと考えたからだ。

そこで2002年11月、市民の意向を集約する3つの方法をあらかじめ明示して、2003年2月までに実施した。

● 一つめは、パブリックコメント。広報・ホームページ＊で4回にわたり合併特集を組み、全市民に、手紙やEメールで意見を寄せてもらうよう呼びかけた。

● 二つめは、市長が出席する合併問題の懇談会（タウンミーティング）を市内6会場で開催し、市民と直に意見交換した。

● 三つめは、前の二つで自ら積極的に意見を表明した市民以外の人の意向もできる限り把握する必要があると考え、無作為抽出で3,000人のアンケート調査を行った（回答1,716人）。

結果はいずれも、「我孫子市は合併せず独自のまちづくりを進める」という意見が多数を占めた。これらを総合的に判断し、2002年2月の市議会全員協議会を経て、法定合併協議会の設置に参加しないことを決めた。

なお、この3つの方法で市民の意向を集約したのは、市

＊http://www.city.abiko.chiba.jp/main.html

第4章　地方分権と市民自治

市町村合併に関する市民意向調査の集計結果（抜粋）

市民意向調査の発送・回収

発　送	郵送戻	実発送	回　収	回収率
3,079人	10人	3,069人	1,742人	56.76

問7　2市1町が合併した場合、どのようになると思うか（5つ以内で回答）
1. 土地利用や都市計画が広域的な視点に立って行え、衣料・環境・交通問題など広域的な対応を必要とする課題への取り組みが強化される。
2. 中核都市としての機能を有することにより、保健所の設置など県の一部の事務を直接市が行うことになり、身近なサービスが充実される。
3. 我孫子市がこれまで、地域の特性や市民との協力により創意工夫して行ってきた特色ある施策が継続できなくなり、我孫子市独自のまちづくりが不可能になる。
4. 市民の声が市長や議会に届きにくくなり、市民参加のまちづくりが後退し、住民ニーズに的確に対応したまちづくりが難しくなる。
5. 合併することによって受けられる国からの財政支援の活用で、都市整備が促進される。
6. 規模が大きくなることで、人件費等の経費が削減され、公共施設への重複投資が回避されるなど行財政の効率化が進む。
7. 市民（町民）1人当たりの借金が、我孫子市に比べて柏市と沼南町はたいへん大きく、他市（町）のこれまでの借金を我孫子市民が負担することになる。
8. つくばエキスプレス（常磐新線）関連事業や柏駅周辺整備に大きな財政投資が予測され、新しい市における地域格差が生じる。
9. 各分野で専門性の高い職員を確保しやすくなり質の高いサービスが受けられる。
10. 地域資源を多く持つことになり人口や産業の集積が高まり、地域イメージが上がる。
11. 人口規模が大きくなることによって、個人市民税の均等割が増加することや事業所税が新たに課税されることにより、市民等の負担が増加する。
12. 新市では、合併前の各市町の既得権が優先される傾向があり、かえって思い切った行財政改革ができなくなる。

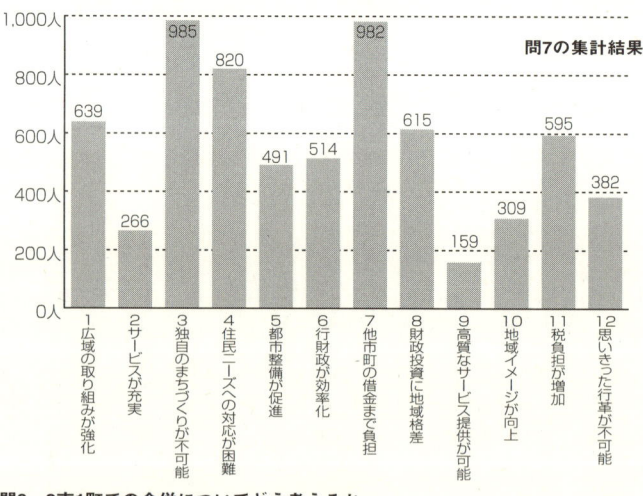

問7の集計結果

1 広域の取り組みが強化: 639
2 サービスが充実: 266
3 独自のまちづくりが不可能: 985
4 住民ニーズへの対応が困難: 820
5 都市整備が促進: 491
6 行財政が効率化: 514
7 他市町の借金まで負担: 982
8 財政投資に地域格差: 615
9 高質なサービス提供が可能: 159
10 地域イメージが向上: 309
11 税負担が増加: 595
12 思いきった行革が不可能: 382

問8　2市1町での合併についてどう考えるか
1. これまでどおり我孫子市単独で運営する。（690人・42.1％）
2. 合併することを前提につくる法定合併協議会を2市1町で設置し、新市建設計画などを作成する。（439人・25.58％）
3. 2市1町で合併せず東葛地区で政令指定都市をめざす。（309人・18.01％）
4. いずれともいえない。（278人・16.20％）

民投票を行う時間がなかったからだ。柏市、沼南町は2005年3月までの合併を目指しており、これに間に合わせて手続きを進めるため、法定合併協議会の設置に我孫子市が加わるかどうかの結論を、2003年の2月初めまでに求められていた。2市1町の「広域まちづくり研究会」の報告書が出たのが2002年10月であり、実質3ヵ月間で市民投票を行うのは不可能だった。ただし、もし法定協を設置して合併に向かう場合は、正式決定までに市民投票を実施することにしていた。

2 自立したまちづくりに向けての8つの提案

合併せず独自のまちづくりを選択したからには、今まで以上に大胆な改革を進めていかなければならない。これからの時代、改革を怠れば、合併してもしなくてもつぶれてしまうだろう。

合併するよりも独自で進んだほうが、より徹底した改革が実行できると考えたからこそ、単独の道を選択したいってもよい。2003年3月の市長の施政方針演説で、自立したまちづくりに向けて、新たな自治のルールづくりと地域活性化のための「8つの提案」を行った。

1 市長の再任回数を条例で制限することの検討

市長は、政策の選択、予算の編成、人事などに一人で非常に大きな権限を持つ。市長の考え方、重点分野の置き方で、まちづくりの具体的な展開はまったく異なってくる。

けっして「誰がやっても同じ」ではない。とくに市長の得意分野は伸びると言ってよい。このこと自体は良いことだと考える。ただ、まちのバランスのとれた長期的発展を考えれば、ある人が一定期間やると次はでも、一つの自治の知恵ではないだろうか。

もちろん、現在の法体系の下では、条例で被選挙権を完全に奪ってしまうことは難しい。当面は、杉並区の区長の4選自粛を定めた条例のように「自粛」ということになると考える。

また、選挙で選ぶのだからそんなルールは必要ない、という意見もあるだろう。たしかに、多くの市長の中には、当選回数を重ねても少しもマンネリにならず、常に新しい発想でまちづくりに挑戦し、時代をリードし続けている人もいる。私もそんな市長を知っているし、尊敬している。

第4章　地方分権と市民自治

再任回数を制限することは、こうした得難い人材の活躍を制限してしまうことになるのは確かだ。しかし、そんな人材が出現してくるのはまれなことだと思う。制度として、どちらの可能性を選ぶかは、その自治体の市民の選択によるだろう。

我孫子市では今、二〇〇六年の制定を目標に「自治基本条例」の議論を進めている。この条例の中に、市長の再任回数の制限を盛り込みたいと考えている。

なお、一般的に市長多選の弊害として、業界などの利益団体との癒着や、恣意的な人事等による組織の硬直化をあげる人も多い。こうしたことがあってはならないのは当然だが、私は、そもそも長くやると癒着したり、個人的利害で市政を運営するような人は、最初から市長をやって欲しくないと思っている。従って、これらを再任回数制限の主な理由にはしていない。

② 議員立法できる市議会に

これまで地方自治体の議会は、行政（執行部）のチェック機関と言われてきた。また、市民の声を行政に伝えてさま

ざまな要望をしたり、政策課題について提言もしてきた。当然これからもこうした機能はたいへん重要で基本ではあるが、地方分権の時代の議会の役割としては、これだけでは不十分だと思う。今日では市民自ら積極的に行っている。議会は、行政に対するチェックや問題の提起にとどまらず、その問題の解決を自らも行うことが大切になると考える。つまり、議員提案で条例をつくることができる議会が求められている。

現状では、自治体で議員立法が行われるケースはまだまだが、我孫子市では現在、平和条例の議員提案に向けての議論が始まろうとしている。

日常的に議員立法を行っていこうとすれば、定例会以外にも会議の回数が増えることになる。行政のチェックだけなら、年４回の定例会で市長提案の議案を審議し、また市政について質疑を行うだけで十分かもしれない。しかし条例を作るとなると、勉強会をしたり、執行部と協議をしたり、日常的に会議を開かなければならない。となると非常勤を前提とした報酬ではなく（我孫子市議会は月額45万円）、議員がより議会活動に専念できるような経済的保障が必要になる。また、議会事務局の法制スタッフの強化も

3 常設型の市民投票制度

不可欠だ。

かといって、議会の予算を無制限に増やすことはできない。次回（二〇〇七年）の改選で議会の定数（現行30人）を思い切って減らしたうえで、こうした議会の抜本的強化を行うことを提案した。

その後、市議会は二〇〇五年三月、次回改選から定数を2減らして28人にすることを決めた。（これは議員立法で決定。こうした議会自身に関する条例の議員提案は日常的にある。）

定数2人の減は、私が提案した「思い切った減」とは異なるが、当面これを尊重せざるを得ない。今後の自治基本条例制定の中では、議会の定数について、市民の意向が反映される仕組みを検討していきたい。

地域の政策課題も市民意識もますます多様化している中で、重要な政策について、市民の意思を直接反映する仕組みをつくる必要がある。自治体の運営にできる限り直接民主制を導入することは、市民の自治意識を高め、市民の総意によるまちづくりを進める上で、たいへん重要なことだと考えている。

もちろん選挙の時、市民は、その候補者の全部の公約に賛成して一票を投じているとは限らないし、まして、選挙後に起こる新たな問題に対しての判断を、全て白紙委任したわけではない。もし、市長や議会の意思が主権者である市民の意思とずれていると感じた場合、市民投票制度があれば、主権者としての市民の意思を投票によって市長や議会に示すことができる。

市民が、何か問題（全国の例で言えば、原子力発電所の誘致や産業廃棄物処理施設の建設など）が起こった時に、その都度、個別の問題についての市民投票条例を議会に直接請求していたのでは時間がかかる。また、市長やとくに議会と対立した中で市民が直接請求を出した場合、それを議会が可決する可能性は小さいだろう。現実に全国で、こうした直接請求が議会で可決されたケースは、20件ちょっとしかない。反対に否決されたケースは180件以上にもなる。

そこで、あらかじめ制度として市民投票の手続きを条例

で定めておくのが常設だ。我孫子市では04年3月に、「我孫子市市民投票条例」を制定した。

全有権者（18歳以上、永住外国人を含む）の8分の1の署名をもって市民から請求があった場合、市長は市民投票を実施しなければならない（第4条）。なお、市民投票の対象となるものは、①市の存立の基礎的条件に関する事項（合併など）②市の実施する特定の重要施策に関する事項（大型の公共事業など）③その他、現在または将来の市及び市民全体に重大な影響を与える政策上の具体的事項──と定めている（第2条）。

また最近、全国で住民投票が行われた事例をみると、市町村合併を問うものが多数を占めている。この場合、住民からの請求よりも、市町村長自らの発議によって行われたケースが多い。また議会提案のものもある。これらは、首長あるいは議会自身が、まず住民全体の意思を確認してから決定しようとする新しい傾向だ。

これらも踏まえ、我孫子市の条例では、市長は市議会の同意を得て市民投票を発議できることにした。市議会も定数の4分の1以上の議員からの提案と出席議員の過半数の議決で、市長に市民投票を請求できる（第4条）。

常設型の条例を制定したのは、我孫子市が全国で10番目の自治体。とくに我孫子市の条例の特徴は、投票率にかかわらず全て開票することだ。当たり前のようにも思えるが、他自治体の条例のほとんどは、投票率が50％以下の時は開票しないことになっている。我孫子市では、せっかく投票してもらったものは、やはり全て開票し結果を公表する義務があるだろうと判断した。

そして、賛否いずれか過半数を占めた票数が、全投票資格者の3分の1以上となったときは、市長、市議会、市民はその結果を尊重しなければならない（第14条）。全投票資格者の3分の1に満たない場合は、「参考」結果となる。こうした仕組みを取り入れたのは、香川県三野町に次いで2番目だ。

もちろん、何でもただ多数決で決めれは良いというものではない。とくに市民投票を行うときは、その前提として、全市民への十分な情報の提供と、十分な市民同士の議論がなければならない。市民全体の徹底した議論を踏まえた上で、投票が行われることが大切だ。議論無き安易な人気投票的な多数決は、むしろ危険だと言える。

市民の責任が問われる制度

市民投票制度で、新たに最も重い責任を負うことになるのは市民自身だ。市民投票で決めた場合、もうこれまでのように「市長が悪い」「議会が悪い」と言っていられない。

前に述べたように合併の問題で、我孫子市では時間的に市民投票を行うことができなかった（その時点では、まだ市民投票条例はなかった）。そのため、私は市民投票に替わるパブリックコメント、タウンミーティング、3,000人アンケートの3つの方法で市民の意見を集約することを明らかにした。その時、「それでも絶対に市民投票をやるべきだ」という意見はほとんど皆無だった。むしろ逆にアンケートにも消極的で、「市民に問うより市長が責任を持って決めろ」という意見が目立った。

合併反対の人たちは「市長の意見が反対なら、早く合併しない宣言をしろ」と迫ったし、合併推進の人たちは、「市長のリーダーシップがないと合併は不可能。思い切った決断を」と迫った。市民全体の意見を聞くよりも、自分たちの意見に沿う方向で市長が決定することを求めたわけだ。

そして最終的に、合併をせず独自の道を行くことが決まった後になってから、合併賛成の人たちから「市民投票がなかったのは手続き的におかしい」という意見が出てきた。

私は「それならなぜ、最初に言わなかったのか。手続き論にすり替えず、なぜ堂々と合併するべきだと主張しないのか」と反論した。その時になって市民投票を求める請願も市議会に出されたが、不採択になった。当然の結果だと思う。

市民投票制度が、単に市長や議会の決定に対抗するツールにとどまらず（もちろんこれが正当で有効な使い方の場合も多いが）、手続き的に誰の発議や請求であろうとも、主権者である市民が自ら地域社会の在り方を自己決定していくツールとして使われていくことを願っている。

これから、市民も行政もこの市民投票制度をうまく使いこなせるようになり、また一方で、分権改革により地方財政の自立が進んで市税が市民に明確になってくると、市税を上げてサービスを増やすか、サービスを我慢して減税するか、市民民投票で決めるというようなこともあるかもしれない。そういったところまで成熟すれば、市民自治も本物になるのではないだろうか。

第4章　地方分権と市民自治

市長発議の方法	同一テーマでの再投票	投票の成立要件	投票資格者	施行日
議会の同意を得て自ら発議	賛否いずれか過半数の結果が投票資格者総数の4分の1以上に達した場合、2年間は市民投票を請求、発議できない	賛否いずれか過半数の結果が投票資格者総数の3分の1以上に達したときは結果を尊重しなければならない	18歳以上の日本国籍を有する者と永住外国人	
自ら発議	投票が成立した場合2年間は住民投票を請求、発議できない	投票が50％以上の場合に成立（不成立の場合、開票せず）	18歳以上の日本国籍を有する者と永住外国人	2001.4.1 2002.9.1（全部改正）
自ら発議	2年間は住民投票を請求、発議できない	投票が50％以上の場合に成立（不成立の場合、開票せず）	町長、町議会議員の選挙権を有している者	2002.9.20
自ら発議	投票が成立した場合、2年間は市民投票を請求、発議できない	投票総数が投票資格者の3分の1以上の場合に成立（不成立の場合、開票せず）	市長、市議会議員の選挙権を有している者	2002.12.20
自ら発議	投票が成立した場合、2年間は住民投票を請求、発議できない	投票が50％以上の場合に成立（不成立の場合、開票せず）	18歳以上の日本国籍を有する者と永住外国人	2003.7.1
―	2年間は住民投票を請求、発議できない	投票が50％以上の場合に成立（不成立の場合、開票せず）	市長、市議会議員の選挙権を有している者	2003.7.1
―	投票が成立した場合、2年間は住民投票を請求、発議できない	投票が50％以上の場合に成立（不成立の場合、開票せず）	18歳以上の日本国籍を有する者と永住外国人	2003.9.1
自ら発議	賛否いずれか過半数の結果が投票資格者総数の3分の1以上に達した場合、2年間は市民投票を請求、発議できない	賛否いずれか過半数の結果が投票資格者総数の3分の1以上に達したときは結果を尊重しなければならない	18歳以上の日本国籍を有する者と永住外国人	2003.12.1
自ら発議	規定なし	投票が50％以上の場合に成立（不成立の場合、開票せず）	18歳以上の日本国籍を有する者と永住外国人	2004.1.1
―	投票が実施された場合、2年間は住民投票を請求、発議できない	投票が50％以上の場合に成立（不成立の場合、開票せず）	18歳以上の日本国籍を有する者と永住外国人	2004.6.1

2 自立したまちづくりに向けての8つの提案

常設型住民投票条例の比較　　2003.12　我孫子市総務課資料より

自治体名	人口	条令名	住民投票の発議	住民請求の必要署名数	議会請求の方法
我孫子市	132,171	我孫子市市民投票条例（案）	住民 議員 首長	条例で定められた市民投票の投票資格者の8分の1以上（永住外国人、18歳以上の未成年含む）	定数の4分の1以上の賛成で発議され過半数の議決
愛知県高浜市	40,367	高浜市住民投票条例	住民 議員 首長	条例で定められた投票資格者の3分の1以上（永住外国人、18歳以上の未成年含む）	定数の12分の1以上の賛成で発議され過半数の議決
群馬県境町	27,111	境町住民投票条例	住民 議員 首長	法律で定められた有権者の3分の1以上	定数の12分の1以上の賛成で発議され過半数の議決
埼玉県富士見市	105,332	富士見市民投票条例	住民 議員 首長	法律で定められた有権者の5分の1以上	定数の3分の1以上の賛成で発議され過半数の議決
岡山県哲西町	3,272	哲西町住民投票条例	住民 議員 首長	条例で定められた投票資格者の5分の1以上（永住外国人、18歳以上の未成年含む）	定数の10分の1以上の賛成で発議され過半数の議決
群馬県桐生市	115,049	桐生市住民投票条例	住民	法律で定められた有権者の6分の1以上	―
広島県広島市	1,139,130	広島市住民投票条例	住民	条例で定められた投票資格者の10分の1以上（永住外国人、18歳以上の未成年含む）	―
香川県三野町	9,682	三野町まちづくり住民投票条例	住民 議員 首長	条例で定められた投票資格者の3分の1以上（永住外国人、18歳以上の未成年含む）	定数の12分の1以上の賛成で発議され過半数の議決
石川県押水町	8,543	押水町住民投票条例	住民 議員 首長	条例で定められた投票資格者の10分の1以上（永住外国人、18歳以上の未成年含む）	定数の3分の1以上の賛成で発議され過半数の議決
広島県大竹市	31,043	大竹市住民投票条例	住民	条例で定められた投票資格者の3分の1以上（永住外国人、18歳以上の未成年含む）	―

我孫子市市民投票条例

（設置）
第1条　本市は、市民による自治の重要性を強く認識し、重要な政策の選択に市民の意思を的確に反映させるため、市民生活の基本に重要な影響を与える事項に関し、直接市民の意思を問う制度（以下「市民投票」という。）を設ける。

（市民投票を行うことができる事項）
第2条　市民投票は、法令に基づき投票に付することができる事項を除き、次の各号のいずれかに該当する事項であって、かつ、市民に直接その賛否を問う必要があると認められる事項について行うことができる。
　（1）　市の在立の基礎的条件に関する事項
　（2）　市の実施する特定の重要施策に関する事項
　（3）　前各号に定めるもののほか、現在又は将来の市及び市民全体に重大な影響を与える政策上の具体的事項
2　前項の規定にかかわらず、市民投票は、もっぱら特定の市民又は地域のみを対象とする事項については行うことができない。

（投票資格者）
第3条　市民投票の投票権を有する者（以下「投票資格者」という。）は、次の各号のいずれに課該当する者であって、規則で定めるところにより調製する投票資格者名簿に登録されているものとする。
　（1）　年齢満18年以上の日本国籍を有する者で、その者に係る本市の住民票が作成された日（他市町村から本市に住所を移した者で住民基本台帳法（昭和42年法律第81号）第22条の規定により届出をしたものについては、当該届出をした日）から引き続き3月以上本市の住民基本台帳に記載されているもの
　（2）　年齢満18年以上の永住外国人で、外国人登録法（昭和27年法律第125号）第4条第1項に規定する外国人登録原票に登録されている居住地が本市にあり、同項の登録の日（同法第8条第1項の申請に基づく同条第6項の居住地変更の登録を受けた場合は、当該申請の日）から3月以上経過し、かつ、投票資格者名簿への登録を申請したもの
2　前項第2号に規定する「永住外国人」とは、次の各号のいずれかに該当する者をいう。
　（1）　出入国管理及び難民認定法（昭和26年政令第319号）別表第2の上欄の永住者の在留資格をもって在留する者
　（2）　日本国との平和条約に基づき日本の国籍を離脱した者等の出入国管理に関する特例法（平成3年法第71号）に定める特別永住者

（請求及び発議）
第4条　投票資格者は、前条第1項各号に掲げる者の総数の10分の1以上の者の連署をもって、その代表者から、市長に対し、第2条第1項に掲げる事項について市民投票を実施することを請求することができる。この場合において、署名に関する手続は、地方自治法（昭和22年法律第67号。以下「法」という。）及び地方自治法施行令（昭和22年政令第16号）に定める署名手続の例によるものとする。

2　市議会は、議員の定数の４分の１以上の者の賛成を得て議員提案され、かつ、出席議員の過半数の賛成により議決された第２条第１項に掲げる事項について、市長に対し、市民投票を実施することを請求することができる。
3　市長は、第２条第１項に掲げる事項について、市議会の同意を得て、自ら市民投票を発議することができる。
4　市長は、第１項及び第２項の規定による請求があったときは、市民投票を実施しなければならない。
（市民投票の形式）
第５条　前条に規定する投票資格者及び市議会の請求並びに市長の発議による市民投票に係る事案は、二者択一で賛否を問う形式のものとして請求又は発議されたものでなければならない。
（市民投票の執行）
第６条　市民投票は、市長が執行するものとする。
2　市長は、第４条の規定により市民投票を実施するときは、規則で定めるところにより、速やかにその旨を告示しなければならない。
3　市長は、前項の規定による告示の日から起算して９０日を超えない範囲内において市民投票の投票の期日（以下「投票日」という。）を定め、市民投票を実施しなければならない。
（選挙管理委員会への委任）
第７条　市長は、法第１８０条の２の規定に基づき、協議により、その権限に属する市民投票の管理及び執行に関する事務を選挙管理委員会に委任するものとする。
（選挙管理委員会の事務）
第８条　選挙管理委員会は、前条の規定により委任を受けた市民投票に関する事務を行うものとする。
（情報の提供）
第９条　市長は、市民投票を実施する際には、投票資格者が賛否を判断するのに必要な広報活動を行うとともに、情報の提供に努めなければならない。
2　市長は、前項の広報活動及び情報の提供に際しては、事案についての賛否両論を公平に扱わなければならない。
（投票運動）
第１０条　市民投票に関する投票運動は、自由とする。ただし、買収、脅迫等投票資格者の自由な意思が拘束され、又は不当に干渉されるものであってはならない。
（投票所）
第１１条　投票所は、選挙管理委員会の指定した場所に設ける。
（投票所においての投票）
第１２条　市民投票の投票を行う投票資格者（以下「投票人」という。）は、投票日の当日、自ら投票所に行き、投票資格者名簿の抄本の対照を経て、投票をしなければならない。
（期日前投票又は不在者投票）
第１３条　投票人は、前条の規定にかかわらず、規則で定めるところにより期日前投票又は不在者投票を行うことができる。

（投票結果の尊重）
第14条　市民投票において、一の事案について投票した者の賛否いずれかか半数の結果が投票資格者総数の4分の1以上に達したときは、市長、市議会及び市民は、市民投票の投票結果を尊重しなければならない。

（投票結果の告示及び通知）
第15条　市長は、投票結果が確定したときは、直ちにこれを告示し、かつ、第4条第1項の代表者及び市議会の議長に通知しなければならない。

（請求の制限期間）
第16条　この条例による市民投票が実施された場合（賛否いずれかか半数の結果が投票資格者総数の3分の1に達しなかった場合を除く。）には、その投票結果の告示の日から2年間は、同一の事項又は当該事項と同士の事項について、同4条に規定する請求及び発議をすることはできない。

（投票及び開票）
第17条　第6条から前条までに定めるもののほか、市民投票の投票及び開票に関し必要な事項は、公職選挙法（昭和25年法律第100号）、公職選挙法施行令（昭和25年政令第89号）及び公職選挙法施行規則（昭和25年総理府令第13号）並びに我孫子市公職選挙法施行規定（平成2年選挙管理委員会令第1号）の規定の令による。

（委任）
第18条　この条例に定めるもののほか、市民投票に関し必要な事項は、規則で定める。

　附　　則
この条例は、平成16年4月1日から試行する。

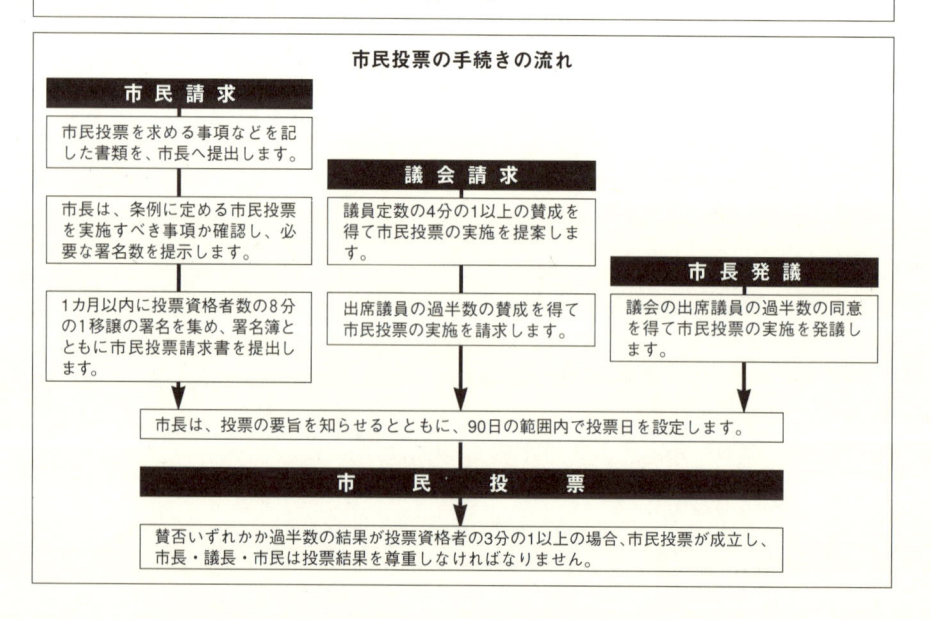

市民投票の手続きの流れ

市民請求
市民投票を求める事項などを記した書類を、市長へ提出します。

市長は、条例に定める市民投票を実施すべき事項か確認し、必要な署名数を提示します。

1カ月以内に投票資格者数の8分の1移譲の署名を集め、署名簿とともに市民投票請求書を提出します。

議会請求
議員定数の4分の1以上の賛成を得て市民投票の実施を提案します。

出席議員の過半数の賛成を得て市民投票の実施を請求します。

市長発議
議会の出席議員の過半数の同意を得て市民投票の実施を発議します。

市長は、投票の要旨を知らせるとともに、90日の範囲内で投票日を設定します。

市　民　投　票

賛否いずれかか過半数の結果が投票資格者の3分の1以上の場合、市民投票が成立し、市長・議長・市民は投票結果を尊重しなければなりません。

4 より徹底した情報公開

右肩上がりで経済が成長し税収も増えた時代には、市民は行政に要望するだけでも通用したかもしれないが、今はそんな時代ではない。市民投票に限らず、市民に日頃から市の財政状況や事業の優先順位を考えてもらうことが大切である。そのためには、より徹底した情報公開が必要だ。

今日、決定したことをお知らせするのは当たり前で、これをわざわざ情報公開とは言わない。これまで我孫子市が積極的に取り組んできたのは、政策形成過程の情報の公開だ。さらに今回は、政策形成に入る前の段階から情報公開を進めることにした。

議員からの提言・要望等の公開

議員からの提言や要望がきっかけで、新たな政策や事業の検討に着手することは多い。

市議会の本会議や委員会での議員の発言は、すべて議事録に残されるし、会議自体を市民が傍聴することもできる。また、ホームページ上での議会中継も始めた。しかし、議員は市議会の正式な会議の場だけではなく、日常的に市役所にきて市の幹部職員や担当職員にさまざまな提言や要望を行う。もちろんこれらも、市民の声を市政に反映させる重要な議員活動である。ただしこうした活動は、ほとんど市民の目には見えない。

我孫子市では2003年8月から、「公職にある者から受けた提言、要望等の処理要領」を定め、市・県・国会議員（秘書も含む）から市の幹部や担当職員に要望等があった時は、必ず文書に記録し上司に報告することにした。

この制度が始まって2004年度は132件の要望等があった。内容は生活保護に関するものや道路や公園整備に係わるものなどさまざまで、一般職員が受けたときは課長に、課長が受けたときは部長に、部長は助役に、要望等の内容と回答内容について報告書を出す。とくに重要なものは市長まで報告される。市長が直接要望を受けて担当者に指示した時も同様の手続きとなる。

これによって議員から要望等を受けた職員が一人で判断したり、個人的にそれを抱え込むことがなくなり、行政として組織的に適切な対応ができるようになる。同時にこれらの報告書は、当然、情報公開条例の対象となる。例えば

第4章　地方分権と市民自治

だが、「○○議員が△△開発事業に関して都市部長に要望した内容」といった公開請求ができることになり、市民のプライバシーに係わるものなどを除いて公開される。また、情報公開の窓口には、議員から提言・要望があった事項の一覧表が備えてある。

これらによって、市民の代表である議員が日常的にどんな活動をしているのか、それが行政運営にどう反映されているのか、今まで以上に市民に見えやすくなると考える。

さらに、我孫子市では無いと信じているが、議員が自分の支持者へ不当に利益誘導をする「口利き」を行ったり、自己の利益のために理不尽な圧力を行政にかけたりするといった事態を未然に防止する効果もあるだろう。

自治会等からの要望書とその回答の公表

議員からだけでなく、さまざまな形で市民から直接に要望があり、新しい事業や制度づくりの検討を始めることも多い。

このうち、自治会や業界団体、各種の連合会など公共的性格を持つ団体から市に要望書が出された場合は、市の回答と合わせてホームページなどで市民に公表することにし

ている（2003年11月から開始）。

自治会などから出される要望の中には、その自治会固有の課題もあるが、市内の他の自治会や全ての市民に共通する課題も多く含まれている。これらについての情報を、市民全体で共有することは、たいへん有意義なことだ。

また、こんなケースもある。──一つの自治会から要望を受けた事柄に、市としても必要性を認め、その事業を実施するための具体的検討に入る。やがて、検討がまとまり実施計画が出来上がり、実行する段階になる。市としては、市民（自治会）からの要望を実現したもので誰からも喜ばれると信じ、この時点で広報などで市民全体にお知らせをする。すると、市の思惑は外れ、別の自治会や置かれた立場が違う人から、「そんな事業をやってもらっては困る」あるいは「やり方を変えてくれ」という強いクレームが出される。その結果、市はあわてて、もう一度はじめから検討をし直す。

最初に自治会の要望を受け入れて実施の検討に着手することになった段階で、自治会の要望書と市の回答書を公表しておいたら、こんなことは避けられるだろう。異論のある人は、その時点で「ちょっと待った」と言える。そうす

182

5 市税収入に対する人件費の割合を制限

ればお互いにじっくり話し合って、良い解決方法を見つけ出すこともできる。

また、こうした公表は、いわゆる「圧力団体」の力によって、市の政策が市民全体の利益から逸れてしまうのを防止する制度上の保障にもなるだろう。

住宅都市である我孫子市の市税収入の中心は個人市民税。もっとも人口が多く収入も高く、多額の個人市民税を納めてくれている世代である団塊の世代がこれから定年を迎える過程で、しばらくは税収減が続くことは覚悟しなければならない。

しかし、人件費は常に削減の努力をしないかぎり、定期昇給や共済の負担分だけでかなり増加してしまう。我孫子市では現在、年間約1億5,000万円の「自然」増となる。税収が減り、人件費が増えれば、財政運営は当然硬直化して、充分な市民サービスが展開できなくなる。

そこで我孫子市では、市の収入の根幹である税収が減少すれば、総人件費(職員数と給与水準)も引き下げ、市民サービスに投資する財源を確保するというルールをつくることにした。分権の時代、持続可能な地域づくりに必要不可欠なルールだと考えている。我孫子市の税収に対する常勤職員(市長など特別職を含む)の人件費の割合は、2005年度予算で53.0%となっている。県内では平均的な水準だが、当面(4年間)の目標として、常勤職員の総人件費を市税収入の50%以内に抑えていきたい。

ただしこれは、そう簡単なことではない。2004年度の当初予算では税収が3%と減となり、調整手当ての引き下げ、職員数の20人減などにより、3%以上(約3億円)の人件費を削減した。毎年こうした努力を続

税収と人件費の推移

単位：千円・%

区　　　分	2001年度	2002年度	2003年度	2004年度	2005年度
市税当初予算総額①	17,714,206	17,395,928	16,981,807	16,470,725	16,470,883
常勤人件費予算額②	9,371,623	9,350,621	9,057,752	8,762,194	8,736,889
②／①×100	52.9	53.8	53.3	53.2	53.0

第4章　地方分権と市民自治

けていくことになる。

50％という数字に普遍的な意味があるわけではない。現在の我孫子市の現状を踏まえた当面の目標だ。税収に対する人件費の割合は、自治体によってさまざまで、千葉県内の市を見ても、低いところは30％台の市もあるし、高いところは90％近いところもある。全国の小さな町村では、100％を越えているところも少なくない。

ポイントは、税収に応じて人件費を考えるというところにある。考えてみれば、収入に応じて人件費（給料）を決めるのは、民間企業では当たり前のことだ。しかし、今まで公務員の人件費にこうした発想はまったく無かった。それは、税収が常に右肩上がりであったし、仮に税収が減っても、地方交付税などで国が面倒を見てくれたからであろう。

しかし、もう税収が自然に伸びていく時代ではないし、税収が減っても国が救ってくれる時代でもない。自治体は民間と違って倒産することはないという甘さを捨てなければならない。改革を怠れば潰れてしまう。

我孫子市では、ピーク時に1,080人だった常勤職員を、現在は996人に減らした。2008年までには920人にする計画を進めている。10年以内に750人にすることが目標だ。そのためには、行政と民間の役割分担を根本から見直し、民間に任せることができるものは積極的にアウトソーシングしていく。非常勤職員や市民スタッフ制度も最大限に活用していく。給与水準も、近隣市のほとんどが10％となっている調整手当を、2005年には7％に、2006年には5％にすることを決めている（実際には地域手当の導入）。

これらにより、2006年には常勤職員の総人件費は、ほぼ税収の50％になる見込みだ。

たしかに市職員も、人員削減で今までに比べ相当忙しくなっているし、人事院勧告による給与の引下げに加えて市独自の削減があるとなると、生活もかなり大変だ。しかし民間の職場では、どんなに給料が下がっても、会社と雇用を守るため、必死になって働いている市民が多くいる。市職員は、公務員としての自信と誇りを持って、これからも市民のために一層の活躍をしてくれると信じている。

6　コミュニティビジネスによる地域の活性化

6つめと7つめの提案は、我孫子市の「まちづくり戦略」の柱だ。

184

市の人口で最も多いのは50代後半から60代前半の世代。5で述べたように団塊の世代を中心に、今後、定年退職を迎える人はさらに増える。こうしたシニア世代の人たちに、豊富な経験と知識を生かして地域の中で活躍してもらうことが非常に大切だ。それがまちづくりの原動力となるし、我孫子市の将来がかかっているといっても良い。団塊の世代がリタイア後も、地域の中でサービスの提供者＝社会を支える側になる、そのためのツールがコミュニティビジネスだと言える。

シニア世代が、コミュニティビジネスをはじめ、まちづくりのあらゆる分野で活躍できる環境を地域につくることーーこれが我孫子の「まちづくり戦略」の第1の柱である。その内容は、すでに「第1章 4 コミュニティビジネスで地域を創る」で詳しく述べたとおりだ。

もちろん、コミュニティビジネスを担うのはシニア世代だけではない。フリーターやニートの増加が問題になっている若者たちが柔軟な発想や新しい感性を生かして取り組んでくれたら、市内の中小企業やお店がサイドビジネスとして手を伸ばしてくれたら、これまでも地域の活動をリードしてきた女性たちが持ち前の行動力で引っ張っていって

くれたら、我孫子の活性化の大きな力になるはずだ。

環境、子育て支援、介護、観光、農産物の地産・地消ﾅなどさまざまな分野で、コミュニティビジネスの起業支援や育成に取り組んでいきたい。

⑦

「子ども総合計画」と若い世代に魅力のあるまちづくり

我孫子市の人口で、シニア世代に次いで多いのは20代後半から30代前半の世代。ただ、シニア世代の多くが我孫子を〈終（つい）の住みか〉と考えているのに対し、若い世代は、市外への転出も市内への転入も共に多い。こうした若い世代が、これからも我孫子に住み続け子育てをしてくれて、市民税も納めてくれることが我孫子市の将来にとってきわめて重要であり、「まちづくり戦略」の第2の柱だ。

実際に始まっている自治体間競争

地方分権が進む中、自治体間競争の時代を迎えていると言われるが、今現実に始まっているのは、若い世代の取り合いではないだろうか。

高齢者福祉の充実したまちを選んで引っ越す「介護移住」

第4章　地方分権と市民自治

という言葉もあるが、高齢者は実際には、そう自由に住むまちを選んでいるわけではない。多くの場合、永く住み慣れたまち、生まれ育った故郷、あるいは子どもが住んでいる場所などに限られる。これに対し、若い世代は、もっと自由に住むまちを選んでいる。市役所にも、「保育園に入れますか」「学校は荒れていませんか」「小児科はありますか」などの問い合わせが多い。明らかにいろいろなまちを比較して住むところを決めている。

例えば、我孫子市で生まれて市内の小・中学校を卒業した人が、会社に入ってから転勤で地方の支店や海外に行ったとする。その後何年かして、また本社に戻ることになったとき、再び我孫子に住むとは限らないのだ。近隣の市、あるいは東京都内など、さまざまな条件を比較してもっとも良さそうなところに住む。もちろん、他市の若者も同じだろう。繰り返しになるが、住宅都市という基本的な性格を持つ我孫子市にとって、これから市民税をずっと納めてくれる若い世代が増えるか減るかは、まさに死活問題だ。

若い世代に魅力があって選んでもらえるまちになるには、どうしたら良いか。それにはさまざまな要素があって、何か一つこれさえやれば良いというものではない。ただ、若い世代が、遊んで楽しくて刺激的——というところで競争するしたのでは、「東の渋谷」と言われる隣の柏市に勝つのは不可能だ。

そうであるならば、そんな柏にすぐに遊びに行ける近さ（我孫子駅から電車で5分）を逆にメリットにすればいい。我孫子市は、東京都心にも近いという利便性を持ちつつ、若い世代が豊かな自然に接しながら安心して暮らせるまち、そして何よりも子育てがとてもしやすいまち、というところで差別化を図り、若い世代を引きつけたいと考えている。

「子ども行政」の確立を

市ではすでに、さまざまな子育て支援に積極的に取り組んでいる。とくに、保育園の待機児童ゼロを他市に先駆けて実現した。小泉首相も掲げる待機児童ゼロだが、我孫子市は無認可施設や個人保育の活用ではなく、より安心できる体制にするため、市や社会福祉法人の認可施設ですべて基本的に対応している。私は常に保育課に、「もし待機児

童が出る可能性がある場合は、あるゆるものに優先して予算を付けるので、絶対に待機児童を出さないように」と指示している。その結果、統計的な数は分からないが、「どうしても子どもを保育園に入れたかったので、我孫子市に住むことにした」という声を、時々聞くようになった。これはまさにねらい通りだ。

病児保育も2002年にスタートさせた。「仕事をどうしても休めず、無理を言って保育園に預かってもらったが、心配で一日仕事が手に付かなかった」など、病児保育は働く両親にとって切実な要望だ。2006年には、市内2ヵ所めの施設も計画している。

また、全ての小学校内に市立の学童保育室がある。保育時間も午後7時までで、希望があれば6年生まで入室可能。こうした学童保育は、千葉県内では我孫子市だけだ。

我孫子市で1年間に生まれる赤ちゃんは約1200人。産後のお母さんにヘルパーを派遣する「ママヘルプサービス」は利用者から好評だ。子どもを生んだばかりのお母さんは、体調が十分でなく、心も不安定になりやすい。こうしたお母さんの不安と負担を軽減するため、ヘルパーが育児と家事の支援を行う。保健センターの保健師とも連携し

て母子の健康ケアもしており、全国的にも高い評価を得ている。

小児医療は全国共通の課題だが、我孫子市でも大きな問題となっている。幸い小児科医院は最近少しずつ増えてきたが、休日・夜間はなかなか対応できない。市の休日診療所も夜間の体制がとれていない。そこで我孫子市周辺で最も小児科が充実している隣市の病院（取手協同病院）と協定を結び、市で1,000万円を負担し、365日、休日夜間も小児救急患者を受け入れてもらうようにした。

子ども発達センターは、ハンディキャップを持つ子どもたちの地域療育システムづくりに努力してきた。同センターと保育園が協力して、我孫子市独自の統合保育も進めてきた。学校との連携を強めるため、教員委員会の教育研究所に心理相談員も派遣している。

教員委員会も、市独自のスクールサポート教員の配置をはじめ学校教育の充実に取り組み、社会教育の分野でも、青少年のための事業を多く行っている。

ただ、これからは、これらの取り組みをもっと有機的に横に連携させていく必要がある。考えてみると、都市行政、環境行政など○○行政という言葉はたくさんあるが、「子

第4章　地方分権と市民自治

ども行政」という言葉はあまり聞かない。子どもの分野は、福祉行政、教育行政、保健行政などに分かれてしまっている。市の子どもに直接関係する部署はもちろん、あらゆる部署が横に連携して、子どもの健やかな成長のための環境づくりと家庭や地域の子育て力のアップに取り組み、総合的な「子ども行政」を我孫子で確立したいと考えている。そのための計画が第3章で述べた「子ども総合計画」だ。この計画の実行によって、いちばん子育てしやすいまちを目指していく。

子ども課

この計画の進行管理や総合調整を行うため、二〇〇四年度から新たに「子ども課」を設置した。子ども課には子育てコーディネーター3名を配置して、子どもに関する総合相談窓口も開設している。子どもに関する相談はどんなものでも全て受け付け、必要があれば、それぞれ専門の部署へつないでいく。行政はもちろん、家庭、学校、地域、企業、すべての人々と協力して、子どもたちが輝いている我孫子を実現したいと思う。

さらに、子ども課には児童虐待防止対策室も置いている。

テレビでも連日のように児童虐待について報道されているが、実は我孫子市でも二〇〇三年、5歳の女の子の命が失われてしまった。

結果論かもしれないが、立ち入り調査権や子どもの一時保護の権限を持つ県の児童相談所が、市の要請どおり子どもの状況を確認してくれていればと悔やまれた。ただ、全体として見れば、児童相談所を含めそれぞれの関係者は、現状の中で、マニュアルどおりの役割と責任は、完全ではないとしても一応果たしていた。しかし、それだけでは小さな命を守ることができなかったことを深刻に受けとめなければならない。

マニュアルどおりではなく、誰かが一歩踏み込む必要があるだろう。市では児童虐待防止対策室を中心に、たとえ法的権限がなくとも、必要な措置は断固とっていくことにしている。また、専門の心理相談員も1名新たに配置しており、子育てに悩んでいる親が、一人で孤立することのないようなケアにも、さらに積極的に取り組んでいく。

もちろん、児童相談所をはじめ小児科医、民生委員、警察、女性センターなど関係者との連携を一層強めていくが、県の児童相談所は人員などに制約があり、急増する児童虐待

188

に十分な体制をとることが難しい状況がある。そうだとすれば、希望する市町村には、地方分権の一環として、調査権などをぜひとも移譲してほしいと考えている。

8 JR成田線沿線の交通利便性の向上

我孫子市は東西に細長い地形で、まちの中をJR成田線が背骨のように走っていて（市内の駅は5つ）、市民の通勤・通学をはじめ日常生活の大切な足となっている。しかし単線のため、電車の本数が少ない（通勤時間帯でも1時間に3本程度）。

同じ市内でも、JR常磐線や地下鉄千代田線が乗り入れている我孫子駅や天王台駅周辺は、交通の便が良いため若い世代を中心に人口が増えている。この地域では、小学校の増築なども行っている。一方、成田線沿線では、通勤・通学に不便だという理由で、若い人たちの転出が多くなっている。

現在、我孫子市全体としては人口は微増で、最近は、少子化で減少していた小学生も増加に転じた。しかし、市内での地域格差が目立つようになってきた。市内での移動・

転居もかなり起こっている。

市内での移動・転居自体は、必ずしも否定的に見る必要はないと考えている。一戸建て中心の住宅地で親と同居していた若い世代が、結婚やいろいろなきっかけで独立するときに、同じ市内で通勤に便利な駅に近いマンションを購入するというケースも多い。

同居だけではなく、こうした「近居」も、市としては積極的に推進したいと考えている。若い世帯が独立するときに、市外に転居してしまうと、将来も子どものことなどあって我孫子に帰ってくることは難しくなる。しかし、市内の近居であれば、将来いつか親が亡くなったとき、よりよい住環境を求めて、親がいた一戸建ての住宅地に戻ってくれる可能性が大きい。ただし、成田線沿線の地域については、交通利便性の低さが、こうした子どもの世帯の回帰の重大な障害になってしまうことが予想される。

こうしたことから、若い世代の定住のためにも、市の活性化のためにも、成田線沿線の交通利便性の向上はもっとも重要なまちづくりの課題になっている。

しかしJRは、成田線の利用客が減少していることを理由に、複線化はもちろんのこと増発にもなかなか応じてく

第4章　地方分権と市民自治

れる気配はない。「利便性が向上すれば乗客も増える」というのが私たち沿線自治体の主張だが、「ニワトリが先か卵が先か」の議論で基本的に平行線のままだ。私たち自治体は、自ら利用客を増やす努力も行いながら、JRへの働きかけを引き続き強めていくことにしている。

新しい発想でバス会社と

ただし、JR成田線の利便化がなかなか進まない場合、沿線地域がJR成田線と心中するわけにはいかない。そこで、新しい発想でバス会社との本格的な連携を考えることにした。

市、バス・タクシー会社、沿線住民（自治会）の代表者などをメンバーとする「成田線沿線バス路線研究会」を2004年3月に設置して、今、具体的な研究を進めている。成田線の最終電車や最終バスが行ってしまった後、小型の深夜バスをコミュニティビジネスとして運行しようと研究している市民のグループもある。その代表も研究会に入ってもらっている。

また2005年になって、民間バス会社も、この深夜バスの運行を計画中だ。

3 いま求められる自立の精神

地方分権は、今あらためて正念場を迎えている。自治体が分権の時代を拓いていくためには、国からの権限の移譲も、財源の移譲ももちろん重要だが、それ以上に必要なのは自立の精神だと思う。自治体の行政も市民も、地域のことは自分たち自身で決めていくという、自己責任、自己決定の強い意思を持たなければ何も始まらない。まさに地方分権の真価が問われる時期になってきた。

市民とともに自立の精神をおおいに育て、分権の時代をリードできる我孫子にしていきたいと考えている。

1　市と国・県は対等。間違っても国、県を上級機関だとは思わないこと。

2　市の事業は、最終的に全て市が自己判断し、同時に市民への説明責任を全て負う。

3　地方分権は、市民の参加、市民との協働をベースにしてのみ成り立つ。私たち自身の"市民感覚"を研ごう。

これは、少し前の話だが、2000年4月1日の市職員への私の訓示。この日から、地方分権一括法が施行された。この制度を本当に活かすためには、まず私たちが根本的に頭を切り替えなければならない。そうでなければ、市にとってただ面倒臭い事務が増えただけ、本質的には何も変わらない、と考えたからだ。

実はこのことを強烈に意識させられたのは、同じく4月1日からスタートした介護保険をめぐっての、市と厚生省（現厚生労働省）とのやり取りであった。

① 介護保険の経験から国・県より市民を見る

1999年末から、全国の市町村は初めての介護認定の作業を進めていた。しかし、コンピューターの1次判定では、身体は元気だが徘徊などの行動のある認知症高齢者に

対して低い判定（要介護1）しか出ない。このため我孫子市の介護認定審査会では、こうしたケースは2次判定を要介護3に当てはめるところから始めるというルールを定めた。これがいわゆる「独自指針」だ。

新聞各社が「独自指針で厚生省に疑問投げかけ」などとセンセーショナルに取り上げたこともあって、厚生省は「独自指針は全国ルールから逸脱する可能性がある」と指導に乗り出した。新年早々の1月5日、市の介護支援課の職員が厚生省に呼ばれ、口頭で改善を求められた。

私は、厚生省での状況を職員から電話で報告を受け、同日ただちに、「厚生省が作った1次判定のコンピューターソフトは完全ではなく、現状では我孫子市の独自指針は必要」というコメントを記者発表した。厚生省の指導は受け入れられないことを明確にしたものだ。これに対し厚生省は直ちに、全国の都道府県宛てに市町村を指導するよう文書を出し、正式な"行政指導"に切り替えた。

しかし、「ここは一歩も引かない」と、私は固く決意していた。一度は"適正な認定に独自指針が必要"と言っておきながら、今度は厚生省に駄目と言われて表向きだけでも変えてしまったら、今度は市の介護認定に対する市民の信頼が崩れてしまう。市民にも内緒で独自指針を使うことになるわけで、たとえ適正な認定をしても、市民は認定結果に不信を持つ。厚生省にいい顔をするのは楽だが、市民との信頼関係が無くなっては我孫子市の介護保険は成り立たない。

これまで市町村は、「法令や通達に基づき指示どおりやっています」と、国や県に対して説明責任を果たしてきた。しかし、分権の時代に私たちが説明責任を果たさなければならない相手は、市民なのである。

市民への説明責任

市では、介護実態を踏まえた適正な判定をするために「独自指針」は必要であると確信していた。ただ、介護保

3 いま求められる自立の精神

今度は、私が直接厚生省に行ってコンピューターソフトの改善を申し入れ、あわせて独自指針の考え方を説明した。その結果、厚生省もついに理解を示し、「我孫子市の例は国が定める基準に矛盾しない範囲」という文書を、都道府県宛てに出し直した。我孫子市の独自指針を認知したものだ。

根本的に頭を切り替える

市が「独自指針」を維持できたのは、全国的な世論や市民の応援も大きかったが、同時に地方分権の流れが背景にあったことも間違いない。地方分権のもと、介護保険は市の自治事務であり、法令に違反しない限り、具体的な運営でどんな工夫をするのかは、むしろ自治体の腕の見せ所だ。そもそも国が介入することではない。私は市の介護認定審査会の委員の皆さんに、「我孫子市の介護保険の責任者は厚生省ではなく市長。私が全責任を持つので安心して欲しい」と言い続けた。

ところが厚生省は、当初、機関委任事務の指揮監督権と同じような発想で市に指導しているように感じした。それはもちろん問題だが、それ以上に問題だったのは、市の側も初めは、「厚生省の言うことには従うのが当たり前」とい

う無意識の前提を持っていたことだ。だから動揺も大きかった。地方分権を本当に生かすには、自治体が根本的に頭を切り替えなければならない。そうでないと、本質的には何も変わらない。

その後、我孫子市は二〇〇一年に、自宅で生活している認知症高齢者の介護の実態についての調査を行った。調査員が24時間、認知症高齢者のお宅に泊まり込んで行ったもので、おそらく全国でも初めての調査だった。

調査結果によると、家族介護者は一日なんと平均13時間14分も介護に費やしていた。介護者がいちばん負担に感じているのは「危険防止のため一時も目が離せない」で、認知症の人の介護に特有の負担が大きいことが分かる。我孫子市の独自指針の必要性がこの調査でも証明されたと思う。

そして二〇〇三年四月からは、厚生労働省の一次判定のコンピュータソフトが改訂され、ほぼ認知症高齢者の介護実態に即した要介護度が出るようになった。我孫子市の問題提起が少しでも全国的な改善に役立ったとしたらうれしいことだ。さらに二〇〇五年からの大幅な制度見直しでは、「高齢者の尊厳を支えるケアの確立」を目指し、〈寝たきり高齢者のケア〉から〈認知症高齢者のケア〉に基本的なケ

第4章　地方分権と市民自治

アモデルを転換することになっている。これも、当初から認知症高齢者にこだわってきた我孫子市としては、我が意を得たりというところだ。

さらに地方分権の仕組みに

これまでの介護サービスは、どちらかと言えば保護型のサービスで、家族の介護負担の軽減に重きが置かれてきた。それも大切なことだが、本来介護サービスは、高齢者自身の生活の質の向上と自立支援のためのものでなければならない。そうした視点から、今後は①一人ひとりの状態に合わせた個別プログラムによる介護予防やリハビリテーション、②生活圏ごとに、「通所」「泊り」「居住」「訪問」など必要なサービスを切れ目なく複合的に提供できる地域密着型サービスの整備、③福祉・保健・医療が連携した地域ケアシステムの構築――が特に重要だと考えている。

そうなると当然、これまでの特別養護老人ホームなど介護保険3施設の在り方は大きく転換することになる。100人以上が入所する大型の広域対応の特別養護老人ホームを中心とした展開は考えられない。一つの市域よりもさらに細かい生活圏（中学校区さらに小学校区）ごとの、地域に密着した小規模拠点でのサービスが主流になる。その時、これまでのようにサービス事業者の指定権限を持つのは都道府県、というのはあり得ない。

そもそもサービス事業者の品質の維持と向上は、保険者である市町村の責務だと言える。2006年から地域密着型サービスの事業者の指定や取り消しの権限は市町村になる。これは一歩前進だが、サービス事業者の施設整備等への補助金も、国・県の補助金が大きな割合を占めてきた。これらも、少なくとも地域密着型サービスについては市町村に完全に税源移譲して、市町村の制度とすることが適当だと考える。

我孫子市では、2つの「宅老所」が地域密着型サービスの小規模・多機能施設の先駆けとして事業を展開している。この「宅老所」を運営するのは、NPO法人と、第1章で述べたコミュニティビジネスとしてスタートした有限会社だ。この他にも、グループホームやホームヘルプサービスを市民事業者が担っている。こうした事業者と、地域の特性を生かして適切に連携していけるのは我孫子市であって、県でも国でもない。

4 地方財政の自立

いわゆる「三位一体の改革」として、政府は2004年から2006年までの3年間で、約4兆円の国庫補助負担金の削減と3兆円の地方への税源移譲を行うことにしている。地方6団体もオール地方の立場で、国庫補助負担金の改革案をまとめた。

「三位一体の改革」の真の目的は、地方財政の自立であると考える。これによって自治体は責任を持って地域経営にあたるようになるし、市民に受益と負担の関係が見えるようになる。さらに、補助金の申請と交付に関わる膨大な事務が国も地方も不要になり、国・地方を通した行政改革 "スリム化" を実現できる。

しかし現実の展開をみると、総額約20兆円にのぼる国庫補助負担金のわずか2割程度の見直しでしかなく、その中身も、国の関与や規制の縮小・廃止につながるものは少ない。地方の自由度を増すことと何の関係もない生活保護費の国庫負担率引下げさえ取り沙汰されている。地方財政自立という本来の目的を見失った、結局は国の財政都合だけを優先した動きに見える。

補助金の「交付金化」も賛成できない。確かに従来の補助金より一つひとつ細かい指定がない分、使い易くなった。しかし、交付金を交付するかどうか決めるのは国であることに変わりない。使っていい範囲も国が決める。使い方が適切であったかどうか最後に総合評価するのも国だ。私たちは単に「使い易さ」を求めているわけではない。自治体が自らの責任で決定することが大切であり、その結果を評価するのはそこに住む市民でなければならないと考える。

「三位一体の改革」は現在進行形で状況が動いているので、ここでは具体的な事項に詳しく触れることはしないが、もう一度改革の原点に返り、方向性を明確にして取り組む必要がある。

1 改革の全体像を明確に

まず、国の役割、都道府県の役割、市町村の役割をもう一度徹底して見直し、その上で、国・都道府県・市町村それぞれの仕事の全体量の比率に応じて、日本全体の税源を再配分することが基本だと考える。現在は、仕事の量は国対地方が4対6であるのに、税源は6対4で逆転していると言われている（都道府県と市町村をまとめて「地方」とするのは本当は適切ではないが、ここでは便宜上まとめる）。

この国と地方の間における、財政の支出割合と税収入の配分割合とのギャップを、国からの補助金や地方交付税で埋めているわけだ。もしそれぞれの支出割合に応じて税収入が再配分されれば、補助金は原則全て廃止できるし、現在のような地方交付税もいらなくなる。

ただし、税源には偏在があり、多くの自治体とあまり持たない自治体がある。今後の税源移譲では、10％の比例税率とともに、税源偏在の大きい法人市民税などは国税に地域的偏在が比較的少なく安定的な財源である消費税などの地方への移譲を大幅に進める必要がある。そ

れにしても、本格的に税源移譲が進めば、全国で格差はさらに大きくなる可能性があるだろう。

したがって、一度地方に税源移譲された後、地方同士で水平に再配分をする仕組みを必ず創設しなければならない。国が「配る」のではなく、地方自らの手で「分ける」仕組みだ。この仕組みを地方自らが真剣に考えることなく、税源移譲を進めることはできないと考える。

もちろん現実には、この地方自治体の「共有の税」の仕組みがすぐに出来あがるわけではないので、当面は、地方交付税の改革がより重要だ。地方交付税は「地方の固有財源」であることをより明確にしながら、第2補助金的な性格を完全に排除して国の政策誘導の手段とせず、本来の最低限の財源保障と財源調整に純化させていかなければならない。

2 負担と受益の関係が見えるように

わたしたち自治体は、単に国と税収入の取り合いをやっているわけではない。今までは国からの補助金で多くの事業を行ってきた。こうした補助金を原則すべて廃止して、事業を実際に実施している自治体に税源を移せば——つまり自

治体が自分で集めた税金で仕事をするようになれば、受益と負担の関係が主権者である市民に明らかになる。これが地方財政を自立させる最大の目的だといってよいと思う。

受益と負担の関係が明確になれば、市民は今まで以上に、行政サービスの中身がこれでよいのか、優先順位は適切かどうか、考えるだろう。「こんなサービスは必要ないから廃止して減税したほうがよい」「増税してでもこのサービスは実施したほうがよい」といった議論ができるようになる。もし、市長が主権者である市民の意思に反する行政運営を続ければ、選挙で市長の首を切ることもできる。当然、サービスの質を高め、無駄を無くすことにつながる。

日本全体で見て、国、都道府県、市町村の仕事の比率（支出割合）に応じて税源を再配分するべきだと言ったが、それはあくまで配分の比率の話であって、国、都道府県、市町村がそれによって、今行おうとしている仕事に必要な財源が確保されるというわけではない。むしろ、国も、都道府県も、市町村も、財源が不足することが予測される。その時、一層の行政の効率化は当然としても、行政の仕事（サービス）を減らすのか、民間に任せるのか、それとも増税するのか、国も自治体も、主権者である国民、市民が徹底して議論し

3　分権改革と市民自治

地方財政を自立させるかどうかは、自治体を国の基準で運営するのか、市民の意思に基づいて運営するのかの選択だと言える。国から補助金をもらって自治体が事業を行っている限り、国の基準に従うことになるし、「国の基準どおり正しく執行しています」という説明責任を国に対して果たすことになる。

しかし、分権の時代には、市民の意思に基づいて仕事をして、市民に対して説明責任を果たさなければならない。この地方財政の自立の意義を多くの市民に理解してもらったとき、世論は分権改革を支持し、強力に後押ししてくれるだろう。そのためには、それぞれの地域に市民自治の仕組みをしっかりと作っていく必要がある。そうでないと、市民の目には、国と地方の間の単なる財源の取合いの喧嘩と映ってしまうのではないだろうか。

中央集権から「分権」へ国のかたちを見直し、真に市民が主権者となる日本を作りたいと思う。

て結論を出していけるようにすることが大切だと考える。

東京自治研究センター研究員

我孫子市長

対談 『我孫子を支える8つの提案と市民自治』

菅原敏夫 × 福嶋浩彦

菅原 きょうのテーマというのは地方分権と市民自治ということですが。分権一括法が施行されて3年たちますが、だんだん方向性が見えてきたのではないかと思います。

一括法の方向性が見える前に、自治体は合併に大分翻弄され、これに意思決定をしなければいけなかったことがすごく多かったと思うんですね。我孫子市の意思を持って合併を見送る、合併の協議の経過とその理由を教えていただけないでしょうか。

福嶋 はじめは、柏市、流山市、沼南町と我孫子市という3市1町の枠で検討しました。これは事務組合で斎場をやったり、障害者の入所施設を運営したりしている実績があったからです。しかし、流山市が最初に「やらない」という判断をし、その後、柏、沼南と我孫子、2市1町で本格的な協議をしました。

私がずっと言ってきたのは、原理的に言えば自治体は余り大きくない方がいいでしょうということです。地方分権の一番の意義というのは市民自治にあるはずです。だから、市民自治にとって基礎自治体の最適規模というのは、余り巨大な規模ではないのです。それ

198

《対談》VS菅原敏夫東京自治研究センター研究員

でも、財政的な問題もあるから、小さければ小さいほどいいというわけでもないんですけれども、我孫子ぐらいの規模というのはちょうどいい大きさなのです。行政と市民、あるいは市長と市民が、顔の見える関係で地域が成立する。市民の側も本当に動いて市民世論をつくれば、行政を動かせる。市民が市政を動かせるというのが、ある程度リアリティーを持っている。そういう規模としてちょうどいいんじゃないかということです。

ただ、合併するかしないかの最終判断は、原論だけで賛成反対と言ってもしょうがない。合併した場合はどうなるのか、どんなメリット、デメリットがあるのか、もうちょっと損得も含めて具体的にシビアに検討してみて、最終判断すればいいだろうと考えました。

それで、研究会をつくって2市1町が合併した場合の将来都市像を出して、それと我孫子市とを比べました。そして最終的に我孫子独自で行った方がいいという判断をしました。要素として大きかったのは、一つには、柏と一緒になるメリットとしてだれもが考えるのは、柏の財政力による効果ですけれども、具体的に

第4章　地方分権と市民自治

見ると、市民一人当たりの起債は我孫子の倍ぐらい持っているのです。未来に向けて本当に財政的にメリットがあるのかという疑問。それからもう一つは、我孫子は市民と一緒にいろんな独自のことをやってきているが、必ずしも新しい市に継承できていないのではないか、ということだったと思います。

菅原　その判断の中には、柏は財政的にも大きな町ですので、のみ込まれてしまう、我孫子がかすんでしまう、そういう判断というのはありましたか。あるいは市民の方からそういう意見はありましたか。

福嶋　市民、あるいは議会などでは、のみ込まれてしまうというような意識もあったようです。しかし、私としては、我孫子がせっかく市民と独自でやってきたものが継承できないというのは困りますが、のみ込まれるというような意識はあまりなかったですね。

菅原　合併を判断するとき、自分が合併した市の市長に必ずしもなるわけではないですから、そういうときどういう気持ちがするのですか。

福嶋　全く個人的に言えば、そもそもそんなに長くやるつもりはないのです。例えば柏の本多市長のもとで

菅原　今、財政的にという話が出ましたが、我孫子の財政は最近はいかがでしょう。

福嶋　財政的なことを考えたときに、税収入についてですが、我孫子市は50〜60代と20〜30代が多いのです。特に50代はサラリーマンとして高額所得なんですよ。だから、個人市民税がかなり入ってくる。現在はそれに支え

新しい市ができて、我孫子の良さが本当に継承されていけば、それは別に悪くないという気がします。

《対談》VS菅原敏夫東京自治研究センター研究員

られているという構造なんですよね。しかし、これから50代はどんどんリタイアしていきますから、個人市民税は確実に減っていくんです。

菅原　そうですね。

福嶋　人口構成は柏も同じで、柏も減っていくんですが、ただ柏は商業がかなり強いですから、我孫子ほど劇的な影響は出てこないと思うんですね。

菅原　私もそう思うんですけれども、我孫子って、都心に勤めていて結構な所得を得ていらっしゃる市民のかなりな部分を占めている。そのシニア層に対する期待はありますよね。

だけれども、リタイアすると同時に所得も減るし、課税所得は激減するわけですね。今まで住民税に支えられて豊かだったところが急変するような事態というのは、ほんとうにここ数年のうちに起こってきて、豊かだったゆえに税収の落ち込みの幅が大きいということが起こってきますよね。それに対しては、どういう対策を考えていますか。

福嶋　シニア世代は納める税金は減るかもしれないけれども、そのかわり今度は地域の中でもう一回活躍して、税金ではなくて活動で地域を支えてください、ということが一つ。それから次に20〜30代世代が多いわけなんですよね。この若い世代がずっと我孫子に住み続けて、我孫子で子育てをしてくれて、これからずっと税金を払ってくれるかどうか。実感としていちばん自治体間競争が具体的に始まっているのは、若い世代の取り合いだろうと思うんですよ。だから、我孫子をいちばん子育てのしやすいまちにして、若い世代の定住化を進めようということ。この２つが我孫子のまちづくり戦略です。

あと、我孫子市の財政の特徴は、起債（借金）は少ないんですが、人件費の割合が大きいんです。一般会計の予算の30％を超えているのは、周辺地域では我孫子だけなんですよ。１％の違いでも大きいですからね。

これは、多少起債との関係があって、起債で予算規模を膨らませていないと、相対的に人件費割合が大きくなるという相関関係はあります。それにしても何とかしなければ、税収減の中で持続的な自治体運営はできない。だから、定期昇給などで増加しやすい常勤職員の人件費を税収の50％以内に抑えていこうということ

第4章 地方分権と市民自治

とを考えているのです。

菅原 8つの提案の中にありましたね。

福嶋 はい。もう少し言えば、税収が減れば、それに応じて人件費も減らそうということです。毎年、億単位の人件費の削減を続ける必要があり、かなりシビアな目標です。

菅原 人件費を一定の割合に抑える、そういうことってどうやって実現したらいいんですか。

福嶋 給与水準だけではできませんから、採用を抑えて職員数を減らしていくしかないと思うんです。毎年何人採用するのかは仕事に何人必要なのかという基準でしか、今まで見ていませんでしたけれども、いったい人件費総額が幾らになるのかを見ながら、それが財政的に可能かという基準で、今年何人採用できるのかを考えていく必要があるのです。

菅原 それで、職員の構成はどうなんですか。退職者がそろそろかなりふえそうな感じになりますね。

福嶋 だから、50％というのは当面の目標なんですよ。あと数年すると、大量退職の時代がきます。そうすると、人件費はある程度は下がるでしょうね。でも、黙って

いてどんどん下がるのかと思ったらそうでもない。

菅原 退職金の支払いがふえるために、意外とその効果は大きくないかもしれないと。

福嶋 50人やめたときに、じゃ5人しか採用しませんよ、45人減らしますよって、いきなり急にやろうとしたって無理です。だから、50人ぐらいずつやめていく時代までに、少人数でも可能な効率的な市役所の体制とか、仕事の仕方をつくっておかないといけないと思うんです。

菅原 そうですね。人的の問題、人件費の問題、結構デリケートな側面ってありますよね。それは何だろう、採用の問題や何かというのはいろいろ工夫されていて、適材適所でだんだん効果を発揮しそうですか。人数って、頭数じゃなくてやっぱり能力の総和みたいなのが等しければいいわけですよね。

福嶋 民間人採用、年齢が少し上の人の採用をやっていますが、それはやっぱりいい人材が入ってきますね。それを仕事の中身の改革につなげていきたい。

菅原 いわゆる経験者を採用することによって、年齢構成をうまく落ちつかせることができるんだったら、

《対談》VS菅原敏夫東京自治研究センター研究員

民間で訓練した人を採るのですから、訓練費用も浮くと思うんですよね。そうすると、合併をしない我孫子っていうブランドでいくんだということだと、さっきおっしゃっていた若い人が市民として定住する。それと、やっぱり職員もそのブランドに誇りを持って仕事ができる。合併をしないということは、そうしたブランドでやっていけるということですね。

福嶋　市民アンケートの結果なんか見ても、我孫子が創り出した独自性みたいなものにこだわる市民ってすごく多かったんですね。それはすごくうれしいことなんですが、そういう市民と一緒にやっていこうよということです。厳しいかもしれなけれども、決して不可能なことではないと思っています。

菅原　そこの見きわめがついたから決断ができたということもあるんでしょうね。それを支える、8つの提案というのがあって、それぞれ非常に興味深いことなんですけれども、特徴的なのを1つずつお伺いしてよろしいでしょうか。

最初に、第1の提案が市長の再任回数を条例で制限する、これを検討するというふうに書かれていますが、今、何期目になりますか。

福嶋　今、3期目です。

菅原　では、具体的に何期ぐらいに制限しようというのですか。

福嶋　ちょっと比べるのはどうかとは思うけれども、アメリカの大統領は2期。

菅原　そうですね。韓国は1期ですね。

福嶋　1期というわけにはいかないから、2期というの

菅原　杉並区が3期ですかね。この間全国ではじめて条例ができたのが最短でしょう。

福嶋　ええ。

菅原　一般的には、根拠は必ずしも明確じゃないですが、3期と言われていることが多い。でも憲法で認めている参政権を条例である程度制限かけようという話だから、少し余裕持ってやるなら4期。5期、20年はどう考えても長いだろうから最長でも4期。だから、2期から4期の間だろうなって考えているんですけれども。

福嶋　8つの提案の2番目、市議会の一層の充実というのは、とても大切なことですね。市民協働のまちづくりというのは、やはり一方では市長であり、市議会であり、市民がそれぞれが能力が高くなければ、どこか一つが欠けてもちぐはぐになってしまうような気がするんですけれども。

この市議会の一層の充実というのをここの提案に書かれた意図といいますか、あるいはこういうふうに提案を実現したい、市議会との関係も含めて、これはどこでも抱えている課題ですが、ちょっと説明していた

だきたいと思うんですが。

福嶋　我孫子は市民派と言われる議員もたくさんいて、市議会は潜在的な可能性を持っているという言い方をしますよね。行政に対するチェック機構だという言い方をしますよね。ただ、チェックや問題提起、これらはもちろん議会の重要な仕事ではあるいは問題提起、これからの議会は、問題の提起だけではなくて、その問題を具体的に解決することも自らやってほしいと思います。それは象徴的に言えば、議員立法じゃないですかね。

市民で活動している人たちは、自分の課題を本当に実現させたいという強い思いがあるんですよね。そのためには妥協もするし、必要な関係整理もするわけですよ。議員の場合、実現するべきだと主張しても、原則を述べるだけで終わることもあります。

菅原　それと相まって、3番目に市民投票の制度を新設する。ごく平面的に考えると、これも議会の外堀を埋めるような話という批判があると思うんですけれども、直接民主主義があればいいという話じゃなくて、

《対談》VS菅原敏夫東京自治研究センター研究員

どうしても必要なんだというのは、この提案のもとになったような気持ちというのは、どんなところで感じられましたか。
福嶋 合併のときに、ちょっと物理的に間に合わないから市民投票まで持っていけなかったわけですけれども、でも仮に法定合併協議会を設立して、本当に合併にいくときは必ず市民投票をやりますと言っていました。本当に市民全体に主権者としての判断を求めるようなことがあると思うんです。
菅原 この市民投票や住民投票で今、一番問題になっている首長の提案権といいますか。これは首長に提案権を認めたら、結局自分の提案をバックアップするために使われるんじゃないかというような意見が非常に強い、その点については今度の制度設計はどんなふうに考えられますか。
福嶋 それは首長の提案権も入れますが、他市の条例と違うのは、議会の同意を要件にしますので、首長が恣意的に使うということはできないと思います。
菅原 民主主義の一種のポッピリリズムみたいなものを助長するということなんだと思いますけどもね。た

だ、それが常に住民投票制度につきまとっている大きな問題であって、そういうことはあるんじゃないかと思いますけどもね。
福嶋 確かに人気投票型の市民投票は危険な面を持ちますね。充分な市民的議論の上に、熟慮型の市民投票でなければならない。市民の自治能力が問われるものだと思います。
菅原 じゃ次のテーマで、政策形成の入口段階での情報公開ということをおっしゃられていますけれども、これは今はどうでしょうか。
福嶋 議員からの要望・提言の公開はすでに始まっています。続いて自治会などからの要望を、回答を含めてホームページで公表しますというのは、11月からということで今準備しています。
菅原 活動の軌跡がわかるわけですよね。
福嶋 そうなりますね。
菅原 5番目のテーマは市税収入に対する人件費の割合を制限するということで先ほども話が出ました。これは市長部局の補助職としての職員とはどうあるべ

第4章　地方分権と市民自治

か、お金の問題と、どういう機能を十分果たすべきかということにかかってくると思うんです。採用のことなんか大分変わってきたわけですけれども、あるべき職員像というようなことを、教えてもらいたいと思うんですけれども。

福嶋　まず、市民同士の対話をちゃんとコーディネートする能力を行政の職員は持たないといけないと思うんですよね。それは、行政職員が市民とちゃんと対話できる能力をその前に持っていないといけないわけですけれども。

今すごく思っているのは、市民と対話する力、あるいは市民同士の対話をコーディネートする力は、やっぱりまだまだ非常に未熟だな、経験自体も少ないなということです。最初から市民を遠ざけてしまうというのは少なくなってきましたが、一方で、市民からがんがん言われると、ご無理ごもっともになってしまうこともある。

でも結局そのとおりにはできなくて、余計後で物すごい不信感になるんですよね。

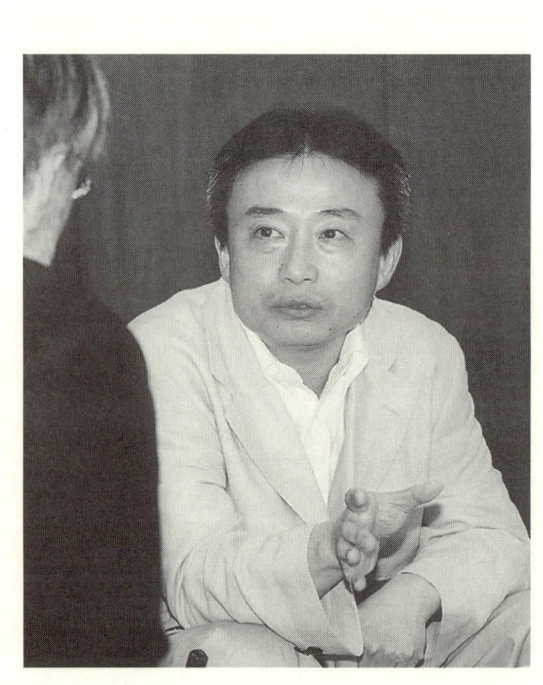

だから、言うべきことはきちっと言って、行政が何を考えているのか伝える。市民の言っていることが間違っていると思うなら、なぜ違うのかということをきちっと説明できる力が必要だと思うんですね。

市民と幾ら話し合っても、30回話し合っても全然平行線で話がまとまらない。しようがないから私が行って議論すると、ようやくわかってくれることがあるんですよね。職員が言うことと私が言うことと、基本的な内容は同じです。何が違うかと考えると、私ははっきり市民に

《対談》VS菅原敏夫東京自治研究センター研究員

対しておかしいことはおかしいって言うんです。そのほうがわかってくれる。

職員はそこまで言いにくいというのはあるのかもしれませんけれども、そういう力も必要です。

菅原　協働事業としては、例えば手づくり公園とか、幾つかたくさんやっていらっしゃいまして、その協働って難しいのはよくわかりましたけれども、何かあります か。

福嶋　手づくり公園事業は、まちづくりの実行の部分への参画なんです。手づくり公園もやっぱり市の公園だから、最終責任は市が持っているわけですよね。手づくり公園をつくる作業も市民がやる。そういう実際のまちづくりの実行の部分での参画というのは、やっぱり参加した分だけ自分の目の前でまちが変わる。自分の意見で変わるわけですよね。参加した成果が目に見えます。

そういうことの積み重ねから、計画づくりへの参画も厚みを増していけばいいと思うんです。どちらかというと、今までは計画づくりの方に参画

をしていましたよね。もちろん、それはそれで大切ですが。

菅原　その両方あって、市民自治に向けた参画というのは、単に事業への参画だけじゃなくて、あるいは計画への参画だけじゃなくて、両方うまくいかないと満足を得られないということがありますよね。

例えば、埼玉県の志木市で市民が職員の役割を果たすとかということも、どのぐらい広がるかわかりませんけれども、そういうことになって、参画の最大限、どの辺まで参画するというのが当面の目標になりますかね。その職員部分……。

福嶋　志木市の制度を詳しくわかっているわけではないんですが、我孫子市にも市民スタッフ制度があります。ただこれは、自発的で市民の創意工夫による市民活動とは少し違います。

あくまで市の仕事をスタッフとしてやってもらうということです。ただ、お金は有償ボランティアの範囲で、一日だと一、〇〇〇円で、半日五〇〇円。それで行政の仕事をできるだけ手伝ってもらう。生涯学習センターの保育スタッフなど、いろんな分野で入れてい

こうとしているんです。

菅原 将来を考えると、コミュニティービジネスが地域の産業として育っていかないと、地域そのものももたないということもありますし、そのためにはシニア世代に期待するだけじゃなくて、子供だとか多くの市民が将来に確信を持てるようなことになっていかないと、自治体間競争は勝てない。コミュニティービジネスのことだとか、子育ての問題だとかというのがありますね。何か特徴的なこと、あるいは解決すべき課題で今一番頭を痛めていることとか、もしあれば。

福嶋 そうですね。先ほどのまちづくりの戦略の話で、シニア世代がこれからリタイアするときに、ボランティア活動だけではなくて、もう少しビジネスとして地域で活動してほしい、地域が必要とするいろんな物やサービスを提供してほしいということで、今コミュニティービジネスの育成を一生懸命やり始めたところです。

菅原 そうですね。あと、今まで論じられた3つの点に絞って最後にお伺いして。

一つはごく簡単な問題で、福嶋さんをずっと見ていて、いろいろ新しいアイデア、オリジナリティーのあるアイデア、これ大体アイデアの源泉って、どういうところが源泉になることが多いんですか。

福嶋 特に市役所の外に何かブレーンとか、そういう固定した人がいるわけでは全然ないです。

ただ、いろいろ市民と議論したり、要望を受けたり、いろいろ一緒に活動している中で、不可能だと思っていたことが、こういう方法ならできるんじゃないかということが、新しい発想でこうしたらいいんじゃないかということ、市民とのやりとりの中で出てくることが案外多いのです。

菅原 そうすると、そのことをお聞きしたかったんですけれども、結構そういうネタを探す、あるいはネタに突き当たるような形で、市民と直接話すことって、それは意外と多いことなの。

福嶋 ええ、なるべく市民とあらゆるところで話すようにしています。

だから、市民と話している量っていうか、機会の多さについては、だれにも負けないって気がする。

菅原 その点かなと僕は思ったんですよね。そういう話なんですね。

《対談》VS菅原敏夫東京自治研究センター研究員

じゃ、とにかく地元に種が落ちているはずだという核心みたいな話でね。

それともう一つ、市民協働で課題になっているのは、NPOとNPOの実現力、政策提案力。最後にめぐりめぐってそれはある種の政治力、NPOの政治力。だから、つまり福嶋さんが説得するということで仕事が動くことってあるわけですね。僕が最近見ていて、NPOが市長、与党になってしまうという感じの、より直接参加みたいなのがふえていくと、NPOと政治って切っても切れなくなってくるってありますし、本当に多いの。やっぱり個人的には後援会の幹部でNPOを持ってくるって出てきていると思うんです。

どうですかね、NPOと政治って、僕は少し考えようと思っているんですけれども、今までの業界団体から出てきた感じと、じゃそれがNPOって名前に変えれば本当に透明な市民社会ってできるかどうかって、僕は意外と難しいかなという感じがしているんですけれども、何かそんなことで思い立ったことってありますか。

つまり、福嶋さんて結構NPOに支えられている部分というのがあると思うんですね。それは選挙で選ばれる

人ですから、政治と本当は切っても切れない仕事のように見えるんだけれども、あるいは昔の土建業者というのは仕事で土建やっているというんだけれども、それを支えているというの、実は全く同じだとは言わないけれども、ある種、民主主義ってやっぱり政治で実現する基盤というのが重要になってくると。逆に言うと、NPOってちょっとわきが甘くて、自分たちの政治力を認識していなかったり、あるいはなれていないものだからやや政

209

第4章 地方分権と市民自治

治的になり過ぎるようなところも最近感じるんですけれども。

支持基盤って、直接の選挙の支持基盤じゃないかもしれないけれども、市民の基盤と選ばれる職業である市長というのは、これからは少し微妙なこともあるんじゃないかなと思うんですけれども、何かお気づきのこととかありますか。ちょっと望洋としたテーマであれなんだけれども。

福嶋 当然NPOも含めて、私を選挙で応援してくれたとか、昔から一緒に活動してきたということと、市の行政としての関係をきちんと区別する。これは徹底しているつもりです。よく知った団体には、むしろ厳しく接しています。さらに、制度的にちゃんとオープンにするというのが大切かなと、今のお話を聞いていてそう思いました。

もちろん、市民活動をやっている人たちは仲間だという意識があるんですが、かえって遠慮なくそんなのおかしいでしょうって、結構厳しいことをずっと言い続けていると思います。

菅原 それを自覚的にやらないといけないんだな。

福嶋 一つ言えることは、市民活動をずっとやってきた人たちは行政とのつき合い方を知っているし、政治とのつき合い方も知っていて、何が通って何が通らないかも知っている。余り全面的にいいとは言えないのですが、やっぱりこうしてほしいと思うとストレートに要求するのはおかしいですよ、あなた方、自分の責任と思うと言う機会が結構多いでしょうね。新しい人たちは通らないことを正面から言って衝突する。でも、そこでお互い議論もできます。古い人たちは、表で通らないことはわきまえていて、親しい職員を頼んで裏でやる。そういう既得権も逆にオープンにして、なくしてしまう必要があります。

施設利用の優先権、利用料免除の団体などもはっきりした基準にしました。とにかくオープンにしていく。今までは何か顔がきく人たちが優先利用団体にいつの間にかなっているみたいなところがあって。

菅原 だから、協働ということのアキレス腱って、そういうことがこれまでの力関係と同じになってしまって、ただ主役が入れかわっただけだというんだったら

《対談》VS菅原敏夫東京自治研究センター研究員

全然協働でも何でもなくなってしまうという危険性を、やっぱり事前に考えていかなければいけないんじゃないかと最近。

福嶋 協働はもたれ合いであってはならないし、ましてや癒着になっては絶対に困ります。そもそも協働とは何でもかんでも一緒にやることではありませんと言っているんです。むしろ協働の基本は、お互いが自立して、自分の力でやりながら、同じ目標に向けて連携することです。行政は行政の責任をちゃんと果たす。NPOはNPOで自立してちゃんと自分の活動をやる。その上での連携が真の協働なんだと思います。

菅原 本日はどうもありがとうございました。

本対談は２００３年８月１６日に実施されたものです。対談者の肩書きは当時のものです。

付録

付　録

我孫子の市民活動団体 （平成17年8月現在　掲載団体164団体）

お問合せ：サポートセンター　コーディネーター
TEL・FAX　7185-5233
E-mail　v-sapo@abiko.syakyo.com

団　体　名	所在地／連絡者	電　話	FAX	その他
高齢者の生活支援				
我孫子ボランティアの会	つくし野　山崎操子	7189-0531	7189-0531	
お話しボランティア「ひまわり」	つくし野　山崎操子	7184-9645	7184-9645	
在宅福祉サービスまどか	天王台　中丸陽子	7181-2567	7181-2568	
NPO　食の会あびこ	我孫子　足立由美	7186-5510		
すみれ会	根戸　蒲田知子	7184-1267	7184-1265	
生活支援の会「さんきゅう会」	東我孫子　川原如子	7183-3125	7183-3125	
地域ボランティアの会	布佐平和台　坂上昌枝	7189-0531	7189-0531	
つくし野ボランティアの会	つくし野　安藤昭彦	7184-6413	7184-6413	
NPO　ディヘルプ	白山　宮崎東上	7182-3744		
NPO　ふれあい塾あびこ	若松　多田正志	7182-5234		
ふれあい弁当の会	白山　滝沢みつえ	7182-2268		
和楽園ボランティアの会	和楽園	7188-6261	7169-9721	
ボランティア北遊会	つくし野　須藤玲子	7169-0701	7169-0701	
高齢者とのふれあい				
我孫子第1小「ふれあいサロン」	天王台　花谷陽子	7184-2962	7184-2962	
我孫子第2小「ふれあいサロン」	天王台　鈴木伸子	7184-6089	7184-6089	
あびこハーモニカ・サロン	岩浄　五十嵐	7188-3772		
あらかると	非公開			
オアシスの会	根戸 ミニデイホームオアシス	7182-7016	7182-7016	
NPO法人　生きがい学園	新木　秋山豊・高田幸雄	7188-7774	7188-7774	
からふる	寿　石木美恵	7184-0144	7184-0144	
湖北台西小ふれあいサロン	湖北台　稲垣とよこ	7188-2746		
湖北地区ふれあいサロン	新木野　長瀬美江子	7139-3591	7139-3591	
市民劇団「あびこ舞台」	湖北台　藤江孝（事務局長）	7184-5083	7184-5116	
大正琴　ザ・レインボー	新木野　松浦トシ子	7188-7957		
大正琴　和み会	東我孫子　三木恵子	7182-8857		
つくし会	つくし野　松井栄子	7184-3600		
つくし野中央自治会福祉部	つくし野　佐藤雅英	7184-8587		
手賀沼「ふれあいサロン」	寿　升田幸子	7185-1537	7185-1537	
天子山「ふれあいサロン」	つくし野　安中ひろみ	7183-5283	7183-5283	
並木小「ふれあいサロン」	つくし野　東和子	7182-2825	7182-2825	
二期の会	つくし野　栗原忠聖	7169-9672	7169-9672	
根戸ふれあいサロン	つくし野　永沼久枝	7183-6797		
ハーモニカ・メイツ・あびこ	湖北台　高田政夫	7188-0431	7188-0431	
ピアチェーレ	並木　石川美鈴	7183-3128	7183-3128	

214

我孫子の市民活動団体

団体名	所在地／連絡者	電話	FAX	その他
一粒の麦	都部　木田典子	7187-6233		
ふさの会ボランティア	布佐　鳥居宏子	7189-2648		
アンサンブル・ピリカ	青山台　前原寿栄	7184-6361	7184-6361	
おりがみ友の会	寿　大須賀愛子	7182-9980	7182-9980	
おりがみを楽しむ会	寿　大和田ツネ子	7184-5936	7184-5936	
グループ・しいの実	非公開			
Sing　ハーモニカ	台田　中澤正子	7184-4631		
ボランティア・シルキー合奏会	我孫子　福原礼子	7184-4712		
友遊の会	非公開			
障害者の支援				
我孫子おもちゃ図書館かっぱの家	根戸　尾野美香	7185-5581		
我孫子かけはしの会	東我孫子 身体障害者福祉センター	7188-0141	7188-0242	
我孫子市手話サークル"つくし野"	つくし野　松本和美	7185-8360		
我孫子市手話サークルてがの会	栄　山田詩朗	7184-5648	7184-5648	
我孫子乗馬愛好会	我孫子　池本滝太郎	7184-8941		
我孫子青年ボランティア「ぼらぼらの木」	中峠　中沢龍彦	7188-9892		携帯090-2239-5590
我孫子の生活支援施設（入所）を考える会	天王台　田中千津子（事務局長）	7169-2062	7169-2062	
我孫子パソコン点字の会	新木野　印南正孝	7185-8841	7185-8841	
我孫子朗読の会	つくし野　浜田洋子	7183-2789	7183-2789	
おたまじゃくしの会	つくし野　瀬崎ウメ子	7184-9916	7184-9916	
かたつむりの会	湖北台 地域福祉作業所 にじ	7181-5771	7181-5771	
かめくらぶ	青山台　伊東淳子	7182-6174	7182-6174	
心のボランティア連絡会 トゥハート	つくし野　福祉総合相談室	7185-1631	7185-1652	
手話ダンスあびこ	船戸　脇田千鶴賀	7185-8841	7185-8841	
スピードボールを楽しむ会	青山台　伊豆野由美	7182-5362	7182-5362	yumiiz@jcom.home.ne.jp
花と緑の会	高野山　鈴木淑子	7184-5632	7184-5632	
ホット・ポット・ファミリー	泉　七戸弘子	7139-7951	7139-7951	
ほほえみの会ボランティア	つくし野　水門瑞子	7184-5783	7184-5783	
布佐高等学校ボランティア部	新々田 布佐高校（担任 小島）	7189-4051	7189-5426	
福祉全般				
アイデア・考案を活かす会	柴崎台　高橋剛	7185-0043	7185-0043	
あびこ・シニア・ライフ・ネット	並木　大倉富男	7188-8302	7188-8302	
我孫子健康・生きがいづくりアドバイザー協議会	つくし野　栗原忠聖	7169-9672		
我孫子市消費者の会	天王台　和田三千代	7183-1434	7183-1434	
NPO　我孫子ビークルサービス	湖北台　事務局	7187-1014	7187-1014	
我孫子ライフを楽しむ会	非公開			
我孫子市ボランティア連絡会	つくし野　社会福祉協議会	7184-1539	7184-9929	
男のパン工房	我孫子　湯浅清	7183-1027		
湖北台四丁目ボランティアの会	湖北台　千葉信子	7187-1326	7187-1326	
湖北台五丁目ボランティアの会	非公開			
湖北台八丁目見守りの会	湖北台　白川昌子	7188-8419		
湖北台九丁目ボランティアの会	湖北　小森晃	7188-8319	7188-8319	

付 録

団　体　名	所在地／連絡者		電　話	FAX	その他
島原ふれあい活動の会	湖北台	加藤福子（副代表）	7188-7751	7188-7751	
NPO　人生いきき	湖北台	岡田満里子	7188-1000		携帯080-1048-2641
誕生日ありがとうの会	つくし野	渡辺英子	7183-7238		
常盤・健康いきがいづくりアドバイザー懇話会	つくし野	酒井正昭	7348-4766		
なかざと21	中里	岩井五雄	7188-2053	7188-2053	
ひなの会	中里	岩井幸枝	7188-2053	7188-2053	
布佐平和台 ふれあい福祉くらぶ〈F・F・C〉	非公開				
六丁目たすけ愛の会	湖北台	村上惠眞	7188-3759		
あびこの福祉を考える会	天王台	和田三千代	7183-1434	7183-1434	
パソコン楽しみ隊	泉	増子湖枝（事務局）	7139-3103	7139-3103	
東葛飾福祉会　我孫子支部	泉	中村忍	7185-0801		
健康・スポーツ					
我孫子市ソフトテニス連盟	寿	鈴木等（理事）	7169-2011	7169-2011	
あびこペタンクを楽しむ会	非公開				
NPO　我孫子乗馬会	江蔵地	川奈部博	7188-2864	7187-2136	
スピードボールを楽しむ会	青山台	伊豆野由美	7182-5362	7182-5362	yumiiz@jcom.home.ne.jp
ビューティーダンスフレンズ	高野山	渡辺真知子	7184-4897		
ラジオ体操・歩きの会	本町	秋元武男	7184-5880	7184-5880	
華一天の会	柴崎台	井上英子	7184-7676	7183-2001	
環　境					
我孫子市環境レンジャー	東我孫子	手賀沼課	7185-1111		（内線462）
我孫子の景観を育てる会	つくし野	吉澤淳一	7184-2856	7184-2856	
我孫子野鳥を守る会	寿	島崎純造（事務局）	7187-2222	7187-2222	
イーエム我孫子	布佐下新田	榎本菊次	7189-3887		
エコピュアあびこ	我孫子	玉造美枝	7169-2847	7169-2847	
花かご会	白山	山田陽子	7169-7278	7169-7278	
ふれあい手賀沼の会	高野山	田宮克哉	7184-6734		
手賀沼トラスト	根戸	日暮朝納	7182-4048	7182-4048	
みどりのボランティア	公園緑地課緑化推進係		7185-1111		
布佐花の会	布佐下新田	榎本菊次	7189-3887		
ふれあい木工クラブ	新木野	非公開			
まちづくり					
我孫子・男の井戸端サロン	寿	日比野晃三	7182-2959	7182-2959	
我孫子おかみさん会	泉	中島允子	7106-9898		
あびこガイドクラブ	天王台	栗田有康	7183-5907	7183-5907	
我孫子コミュニティビジネス協会（ACOBA）	湖北台	関本征四郎（代表）喜岡幸司（事務局）	7188-8786	7188-8786	携帯090-5753-5989
あびこ雑学ネット	並木	都筑啓子	7184-5464	7184-5464	
我孫子まちづくり交流会	若松	若林康彦	7188-4162	7188-4162	
食農倶楽部	久寺家	友利淳子（事務局）	7187-1793	7187-1793	
あびこ映画倶楽部	我孫子	秋元佐市	7186-2734		
NPO法人テラスあびこ	白山	渡邉毅	7183-8866	7183-8866	
東葛インターネット普及会	古戸	相澤正昭	7188-9483		

我孫子の市民活動団体

団　体　名	所在地／連絡者	電　話	FAX	その他
布佐町づくり実行委員会	布佐　　橋本信夫	7189-2861		
歴史・文化				
あいじま芸術文化村	相島新田　太田侑子	7444-5505	7444-5505	
あびこインターネット博物館	つくし野　玉造仁一	7169-2847		
我孫子クリオの会	高野山　美崎大洋	7182-0861	7182-0861	
我孫子市三曲協会	東我孫子　網野節子	7184-4619		
我孫子市史研究センター 合同部会	緑　　松本庸夫	7184-4516		
我孫子市書道連盟	船戸　　山田清一	7182-4405	7182-4405	
我孫子市鳥の博物館友の会	高野山　中野久夫(事務局)	7184-5419	7184-5419	
あびこ素語りの会	青山　　星野知子	7186-0836	7186-0836	
我孫子太極拳会	若松　　小川延于	7149-6834		
我孫子の文化を守る会	天王台　越岡礼子	7184-2047	7184-2047	
我孫子ビデオクラブ	つくし野　高橋啓	7139-3366	7139-3366	
アルバトロス・ヨットクラブ	泉　　中川靖雄	7139-3053	7139-3053	
江戸東京史跡文学散歩の会	寿　　山下輝夫	7184-3804	7184-3804	
F,C我孫子西	白山　　佐々木和彦(監督)	7185-8062	7185-8062	
グループおはなしさんぽみち	新木野　大野敦子	7188-5379	7169-0971	
天王台北近隣センター おはなし会	天王台　石田美喜子	7184-9601	7184-9601	
どんぐりどんぐら	新木　　奥田美々	7149-3186	7149-3186	
ネットワーク"翔21"	つくし野　芹沢正子	7183-0065	7183-0065	
子供・青少年育成				
我孫子「童謡を歌う会」	青山台　前原寿栄	7184-6361	7184-6361	
あびこ子ども文化連絡会	天王台　石田美喜子	7184-9601	7184-9601	
あびこ子どもまつり企画	下ヶ戸　梅谷三恵	7183-2636	7183-6575	
我孫子市こども会育成会連絡協議会	湖北台　梅谷三恵	7183-2636	7183-6575	
あびこの明日を考える母の会	非公開			
あびっ子ネット	中峠　あびっ子ネット事務局	7165-4081	7165-4081	
おはなしさんぽみち人形劇団	中峠　　海老原純子	7188-7149		
親子で歌おう	青山台　前原寿栄	7184-6361	7184-6361	
グローバルスチューデント メディアネット	東我孫子　漆畑慶将	7184-6223	7184-6223	
子供・青少年育成				
劇団　座・どてかぼちゃ	並木　　田中利枝	7185-3497		
人形劇団　"ぐりのともだち"	我孫子　布施礼子	7182-5581	7182-5581	
海外協力				
我孫子国際交流協会	我孫子　事務局	7183-1231		
我孫子 ナーマル・フレンド・シップ	湖北台　松永美穂子	7149-1308	7149-1308	
NGOレットハート国際委員会	中峠　　京一夫		7187-7900	携帯090-3218-3676
その他				
「憲法を考える市民の集い」実行委員会	つくし野　浜田律子	7182-2789	7182-2789	
我孫子市被爆者の会	船戸　　山田清一	7182-4405	7182-4405	
あびこ女性会議	東我孫子　渥美節子	7169-5321		
小さな命を救う会	北相馬郡利根町羽根野 宮川恵(事務担当)	7188-6764		
我孫子市災害救援ボランティアネット	栄　　山田詩朗(事務局)	7184-5648	7184-5648	

付録

市の事業における市民との連携（共同事業も含む）
（2005年4月現在）

I 団体と連携して行う市の事業

	事業名	担当課等	対象	対象団体名	開始時期	市民・NPO等が関わる活動内容
1	職員研修	総務課	団体	NPO2団体		活動の事例発表
2	防災啓発事業	市民活動支援課	団体	災害救援ボランティアネット	H13～	避難誘導など現地訓練への協力及び指導・助言。地域への防災意識の啓発防災知識の普及。災害時のボランティア協力
3	近隣センター建設準備会	市民活動支援課	団体	（仮称）我孫子南区域近隣センター建設委員会	H13～	近隣センターの設計、管理・運営手法の検討
4	小中学生のボランティア体験情報の提供	市民活動支援課	団体	市内の団体	H17～	団体が小中学生を受け入れ、ボランティア活動を体験してもらう
5	心のボランティア事業	福祉総合相談室	団体	心のボランティア連絡会	H12～	講座を修了した市民が、心のボランティア連絡会を結成し、様々な活動を展開
6	身体障害者デイサービス	身障センター	団体	我孫子かけはしの会	H6～	訓練・行事の介助、障害者の自主活動の支援（無報酬）
7	身体障害者デイサービス（パソコン講座）	身障センター	団体	パソコン楽しみ隊	H12～	パソコン講習会の指導（無報酬）
8	手賀沼をいかした景観づくり	都市計画課	団体	景観形成市民会議	H13～	・特定地区内の公園予定地（寿2丁目）2箇所の下草刈り等の維持・保全活動の実施 ・活動に裏付けられた市への提言
9	布佐駅前南側まちづくり	都市計画課	団体	布佐南まちづくり計画検討委員会	H15～	住民・地権者から地区計画の提案
10	市民手づくり公園	公園緑地課	団体	各地域の団体	H10～	市民の自主的な活動により、地域にある街区公園を魅力的なものとする 例）手づくり花壇、ベンチ、テーブル、東屋、パーゴラ、藤棚、木製遊具等の製作
11	市道中央分離帯草刈り清掃	道路課	団体	つくし野中央自治会	H10～	団体が主体となり、植栽の植え替え、維持管理作業の実施
12	湖北駅南口駅前広場花壇維持管理	道路課	団体	おやじ＆おふくろの会		団体が主体となり、植栽の植え替え、維持管理作業の実施
13	布佐駅前広場花壇の維持管理	道路課	団体	布佐花の会		団体が主体となり、植栽の植え替え、維持管理作業の実施
14	我孫子駅前広場植栽維持管理	区画整理課	団体	花かご会	H14～	団体が主体となり、植栽の植え替え、維持管理作業の実施
15	学校支援ボランティア	教委・指導課	団体	パソコン楽しみ隊、シニアライフネット・個人ボランティア	H11～	コンピューター、英会話、生活科、総合学習の時間等において、指導・助言・講師を努める
16	鳥の博物館運営	教委・鳥の博物館	団体	鳥の博物館友の会	H12～	企画展、自然観察会、定例探鳥会、野外調査、鳥博セミナー等の準備作業及び講師として、また補助等として

II 市と団体が実行委員会等を立ち上げて行う共同事業

	事業名	担当課等	対象	対象団体名	開始時期	市民・NPO等が関わる活動内容
1	ジャパンバードフェスティバル	企画調整担当	団体	ジャパンバードフェスティバル実行委員会（20団体で組織）		趣旨に賛同した全国の20団体と実行委員会を組織し、全体の運営と各イベントの実施
2	国際交流まつり	企画調整担当	団体	我孫子市国際交流協会		まつり全体の企画から運営まで全てを行う
3	我孫子市産業祭り	商工観光課	団体	産業祭り実行委員会		様々な団体と実行委員会を組織し、企画から実施まで
4	「あびこ型」地産地消推進	農政課	団体	「あびこ型」地産地消推進協議会	H17～	農家、消費者、市民、東葛ふたば農協と相互に連携・協働し、安全・安心・新鮮農産物の地産地消事業を行っていく

218

市の事業における市民との連携

	事業名	担当課等	対象	対象団体名	開始時期	市民・NPO等が関わる活動内容
5	手賀沼流域フォーラム	手賀沼課	団体	手賀沼流域フォーラム実行委員会	H9〜	実行委員会を立ち上げ、企画と準備、当日のイベント実施を行う 実行委員会は、柏市、我孫子市、(財)山階鳥類研究所、美しい手賀沼を愛する市民の連合会、手賀沼浄化業連絡会議で組織
6	手賀沼ふれあい清掃	手賀沼課	団体	手賀沼ふれあい清掃実行委員会	H3〜	市民団体が実行委員会を立ち上げ、企画と準備、当日の清掃実施を行う
7	我孫子市谷津ミュージアムづくり推進事業	手賀沼課	団体	我孫子市岡発戸・都部谷津ミュージアムの会	H16〜	市と市民により、会の運営や活動計画について検討し、会員をはじめ広く市民の参加を得て、様々な活動を展開する
8	子どもの放課後を考える集い	保育課	団体	我孫子市学童保育連絡協議会		市と実行委員会を組織し、企画から実施まで関わる
9	手賀沼ふれあいウォーク	保健センター	団体	3あいサポート柏	H12〜	実行委員会(我孫子市、柏市、市民団体)を組織し、企画から実施までを行う
10	あびこ子どもまつり	教委・社会教育課	団体	あびこ子どもまつり実行委員会	H7〜	実行委員会を立ち上げ、企画から実施まで行う また子ども達もジュニアスタッフとして企画準備をする
11	げんきフェスタ	教委・社会教育課	団体	げんきフェスタ実行委員会	H8〜	子どもたちを中心とした市民活動をしている団体が中心となって、企画実行する
12	市民コンサート	教委・文化課	団体	市民コンサート実行委員会	H15〜	実行委員会を立ち上げ、企画から運営まで
13	音楽クリニック	教委・文化課	団体	我孫子管楽研究会	H12〜	会場及び講師の調整他
14	ヤング トゥ ギャザー ナウ	教委・文化課	団体	ヤング トゥ ギャザー ナウ	H16〜	実行委員会を立ち上げ、企画から運営まで

Ⅲ 市民(個人)と連携して行う市の事業

	事業名	担当課等	対象	対象団体名	開始時期	市民・NPO等が関わる活動内容
1	60周年平和事業	企画調整担当	団体	戦後60年記念平和事業運営委員会	H16	平和活動団体だけでなく子ども関係団体や個人など幅広い分野の参加を求めて実施する
2	環境美化推進員	クリーンセンター	公募		H12〜	・ポイ棄て等の状況報告および回収・資源化 ・ふん害防止の啓発活動 ・飲料用自動販売機の回収容器設置の有無状況調査 ・環境美化・再資源化の促進事業への協力
3	手賀沼ビオトープ手づくりゾーン運営(体験水田)	手賀沼課	公募		H11〜	・無農薬・無肥料による水田耕作 ・管理、観察の記録を行う
4	手賀沼ビオトープ手づくりゾーン運営	手賀沼課	公募		H11〜	・無農薬・無肥料による水生植物の栽培 ・管理、観察の記録を行う ・市民グループは担当する区画を責任をもって管理する
5	健康づくりうんどう教室	保健センター	公募		H10〜	ヘルスボランティアによるうんどう教室参加者に指導・普及活動
6	みどりのボランティア事業	公園緑地課	公募		H11〜	下草刈り、枝おろし及び植樹等の管理作業、植生管理、自然教室の開催、森の動植物の調査
7	利根川河川清掃	治水課	公募		H17〜	市民の参加による河川美化運動
8	成人式	教委・社会教育課	公募		H11〜	成人式実行委員会を組織し、成人式の企画・進行・運営全てを行う
9	あびこ楽校協議会	生涯学習推進室	公募等		H15〜	・市の生涯学習関連事業の総合調整 ・生涯学習振興のシンボル的・先導的事業(生涯学習フェスティバル、生涯学習出前講座など)の推進等

付録

Ⅳ 市と市民（個人）が実行委員会等を立ち上げて行う共同事業

	事業名	担当課等	対象	対象団体名	開始時期	市民・NPO等が関わる活動内容
1	サポートセンター共同運営	市民活動支援課	公募	運営委員会	H14～	・運営委員会：4部会代表4名、公募2名（無報酬） ・部会：公募の市民（無報酬） ・スタッフ（報償費）
2	市民活動フェア in あびこ 2006	市民活動支援課 公民館 社会福祉協議会	市民	市民活動フェア in あびこ2005実行委員会	H14～	市民・市民活動団体・市・教育委員会・社会福祉協議会が実行委員会を組織し、企画・準備・運営全てを実施する

Ⅴ 市民スタッフ制度で行う市の事業

	事業名	担当課等	対象	対象団体名	開始時期	市民・NPO等が関わる活動内容
1	文化事業市民スタッフ	教委・文化課	公募		H14～	市が実施する文化事業への、提案・協力・実施
2	保育スタッフ	教委・公民館	公募		H15～	一定の利用時間帯を設定し、託児室で保育を行う
3	図書館市民スタッフ（対面朗読）	教委・図書館	公募		H15～	・対面朗読を行う ・朗読CD・カセットテープのカセットテープ目録（タイトル、資料番号の吹き込み）を作成をする
4	図書館市民スタッフ（読書普及）	教委・図書館	公募		H15～	・読書案内・図書館案内 ・乳幼児・児童・高齢者への読み聞かせ・本の紹介
5	福祉広報編集	福祉総合相談室	公募		H16～	福祉広報の編集発行
6	鳥の博物館市民スタッフ	教委・鳥の博物館	公募		H17～	博物館が実施する探鳥会、自然観察会、鳥類生息調査、企画展など各種事業への協力
7	男女共同参画情報紙編集市民スタッフ	男女共同参画担当	公募		H16～	情報紙の掲載記事の提案協議、取材、執筆、校正

Ⅵ NPOに委託して行う事業

	事業名	担当課等	対象	対象団体名	開始時期	市民・NPO等が関わる活動内容
1	通訳・翻訳業務	企画調整担当	団体	我孫子市国際交流協会	H12～	国際交流協会ボランティア登録者による
2	近隣センター管理	市民活動支援課	団体	各地区まちづくり協議会（7地区）	S62～	近隣センターの管理・運営
3	消費生活展	商工観光課	団体	我孫子市消費生活展実行委員会	S51～	消費生活展の企画・実施
4	農業・農村男女共同参画推進事業パソコン講習	農政課	団体	abbit	H14～	講座の企画・調整・運営
5	ふれあい工房運営	クリーンセンター	団体	ふれあい工房運営協議会	H11～	ふれあい工房運営の全般
6	高齢社会への対応を探る	介護支援課	団体	「高齢社会への対応を探る」会	H12～	委託事業の実施
7	ホームヘルプサービス	介護支援課	団体	NPO法人在宅福祉サービスまどか　他2団体	H12～	委託事業の実施
8	きらめきデイサービス	介護支援課	団体	ふれあいサロン 8団体、他11団体	H12～	・つどいの家は賃貸借契約による住宅及び個人住宅 ・ふれあいサロン他は学校他公共施設、個人宅を利用し、地域のボランティアが支援
9	軽度生活援助事業	介護支援課	団体	NPO法人デイヘルプはるか共同作業所	H12～	委託事業の実施
10	配食サービス	介護支援課	団体	NPO法人あびこ　　他4団体	H6～	・委託事業の実施 ・希望により調理の調節（減塩・刻み食等）を行う
11	青少年非行防止パトロール	教委・社会教育課	団体	我孫子市青少年相談員連絡協議会	H9～	委託事業の実施
12	子ども向け情報紙発行、ホームページの開設	教委・社会教育課	団体	あびこ子どもネットワーク	H16～	子ども向けの情報紙発行、ホームページの開設運営
13	我孫子市民文化祭	教委・文化課	団体	我孫子市民文化祭実行委員会	H12～	各ジャンルごとに、企画・運営を行う

220

市の事業における市民との連携

	事業名	担当課等	対象	対象団体名	開始時期	市民・NPO等が関わる活動内容
14	森のコンサート	教委・文化課	団体	野外美術展実行委員会	H13〜	音楽コンサートの企画・運営・実施
15	子どものための舞台鑑賞	教委・文化課	団体	子どものための舞台鑑賞実行委員会	H12〜	子どもたちを中心とした市民活動をしている団体が中心となって、企画実行する
16	市民体育大会・県民体育大会選手派遣、市民体力づくり大会、我孫子市新春マラソン大会	教委・体育課	団体	我孫子市体育協会	S43〜	・市民体育大会・体力づくり大会・我孫子市新春マラソン大会の企画・運営 ・県民体育大会選手派遣

【NPO支援施策】

	事業名	担当課等	対象	対象団体名	開始時期	市民・NPO等が関わる活動内容
1	公募補助金制度	企画調整室財政担当	団体		H12〜	公募補助金に応募
2	共催後援に関する要綱	市民活動支援課 全庁	団体		H15〜	申請に基づき、共催・後援の許可を得ることにより、一定の支援が得られる
3	NPO法人に対する法人市民税均等割の減免	課税課	団体	NPO法人	H13〜	減免申請を行い、減免対象となる
4	市民活動団体レベルアップ講座	市民活動支援課	団体	公募NPO	H14〜	講座への参加
5	市民活動フェア in あびこ 2006	市民活動支援課 公民館 社会福祉協議会	団体 市民		H14〜	市民・市民活動団体・市・教育委員会・社会福祉協議会が実行委員会を組織し、企画・準備・運営全てを実施する
6	ボランティア・市民活動サポートセンター	市民活動支援課 社会福祉協議会	団体 市民		H14〜	・3者による運営委員会を設置（市民選出7名、市選出5名、社協選出3名） ・4つの部会（オフィス、情報交流、機会の提供、広報）を設置し、利用者の支援活動を行う ・公募の市民がスタッフとして受付等に従事
7	市民活動災害補償制度	市民活動支援課 全庁	団体		S60〜	事故等が起こった時、申請

我孫子市市民活動支援課 作成

著者略歴

福嶋 浩彦

（ふくしま・ひろひこ）

　1956（昭和31）年生まれ、49歳、鳥取県米子市出身。1983年我孫子市議会議員に当選。市議3期目の途中で1995年1月に我孫子市長選挙に出馬。「市民派」市長として現在3期目。

　「市民自治の構築」を目標に、市民、NPOとの協働のまちづくりを推進している。

　2002年に全国青年市長会会長。現在は福祉自治体ユニット代表幹事、市町村サミット幹事などを務める。

市民自治の可能性
～NPOと行政　我孫子市の試み～

2005年10月3日 初版発行

著　者
福嶋　浩彦

発　行
株式会社 ぎょうせい

本　社　東京都中央区銀座7-4-12（〒104-0061）
本　部　東京都杉並区荻窪4-30-16（〒167-8088）
電話　編集 03-5349-6616　営業 03-5349-6666

URL　http://www.gyosei.co.jp

印　刷
ぎょうせいデジタル㈱
©2005 Printed in Japan

乱丁、落丁はおとりかえします。

ISBN4-324-07248-5（5106623-00000）

（略号　市民自治）